できる40代は、「これ」しかやらない：
一万人の体験談から見えてきた「正しい頑張り方」

萬人的經驗談
看見真正該做的事

40歲，精采人生才開始

大塚壽 著
沈俊傑 譯

前言

＊有太多太多人「後悔自己蹉跎了不惑之年」

「四字頭的歲數正是人生繁忙的一個階段，卻也是有能力實現願望的『黃金歲月』。」

許多人對於自己四十來歲的人生，都持相同的看法。

確實，二十、三十歲的我們即使有想做的事情，很多時候也受限於組織和上司，無法如願大展拳腳。尤其身處的組織體系愈龐大，做起事來也愈綁手綁腳。

不過有許多人在四十歲後，獲得了一定的權力和地位，背後也有過去二十年來累積的知識和經驗撐腰，可說是「有能力暢所欲爲」的時期。

儘管如此，我卻聽過相當多五十、六十歲的人——不分男女——後悔自己「四十歲的時候沒做想做的事」。

最多人懊悔的事情莫過於「只顧著處理眼前的工作，不知不覺來到了五十歲，驀然回首才發現自己虛擲了大好光陰」。

四十幾歲通常是所謂「選手兼教練」的階段，必須兼顧管理者與執行者兩種身分，很多個人的人生大事也經常發生於這段時期。「忙碌」兩個字簡直是四字頭人生的最佳寫照。

在汲汲營營的日子裡，一不小心就忘了夢想。常常將「自己想做的工作」「其他想嘗試的事情」放一邊，全心全意投入眼前的工作。明明想好好經營工作以外的生活，到頭來卻也做得不上不下……許多「曾經四十歲的人」都為此後悔不已。

＊四十歲的陷阱：「愈努力愈容易掉入萬劫不復的深淵」

換句話說，**「拚命工作的人更容易對自己四十歲的人生感到後悔」**。仔細想想，豈有這麼天理不容的事情？

那麼問題究竟出在哪裡？

一言以蔽之，問題在於「努力的方法、時間的利用方法不對」。

我至今見過的商務人士超過三萬人，其中的一萬人鉅細靡遺分享了他們成功的祕訣、失敗的經驗，也提供讓人生更豐富的建議。這些人包含大企業的董事長、幹部、各大小公司的中階主管，以及隻身闖蕩商場的人。其中有些人坐擁人人稱羨的成就，也有些人原本過得一帆風順，卻突然跌落谷底。

我從這些成功與失敗的經驗中，獲得一則啟示：**工作和人生都有一套正確的努力方法、時間管理方法，倘若沒有方法、不得要領，再怎麼努力也是一場空。**

而且四十歲之後，你的「努力方法」和「時間管理方法」必須有別於二十、三十歲。若對此沒醒悟，只會陷入「愈努力愈無力」的惡性循環。

「有勇無謀」已經行不通了，我們得確實找到「應該努力的地方」。唯有專注於「非做不可的一件事」，四十歲的人生才不會留白。

＊視新冠肺炎為「改變人生的轉機」

請教他人成功與失敗的經驗算是我畢生的志業，我大約從二十幾歲開始從事這項活動。當時自己對於人生、工作都萬分迷惘，大學畢業後進入公司還不知道該怎麼做好工作，但剛好負責陌生開發，所以逢人便提出各式各樣的問題。

過程中獲益良多，平凡如我也因此得以攀上頂尖業務員的高峰。我離開公司、自行創業後也不斷請益他人，而他們的一席話始終是我工作路上的明燈。

不過這些教誨，在我步入四十歲以後才發揮出最大的功效。方才提過，成千上萬的人都很後悔自己浪費了四十幾歲的時光，也因此曾有許多人建議我「怎麼做才不會留下遺憾」。我聽從這些建議，四十歲到五十歲那十年過得充實無比。

至於我提筆撰寫本書的目的，不外乎和各位分享自己知道的方法。最後一點，忘了告訴各位四十多歲的人生有項重要的特徵，那就是**「尚有十足的機會逆轉人生」**。這個階段仍有無限可能推翻別人對你的既有評價，而且現在這個時代，四十歲換工作或創業也比以前容易多了。反過來說，不好好把握這個機會的話，恐將留下一輩子的悔恨。

各位不見得要完全仿效這本書所寫的內容，但如果你對書中任何一項內容有共鳴，請立即行動。無論實踐任何一點，相信你都能看見改變。

二〇二〇年新冠肺炎肆虐，我們被迫改變工作型態，想必有許多人對未來懷著各樣不安。但我認爲這也是我們重新審視以往工作方式與時間管理方法的機會。

願本書能爲各位的轉變助上一臂之力。

二〇二〇年八月

大塚壽 於新冠肺炎疫情下的遠端工作狀態

目次

前言　003
有太多太多人「後悔自己蹉跎了不惑之年」
四十歲的陷阱：「愈努力愈容易掉入萬劫不復的深淵」
視新冠肺炎爲「改變人生的轉機」
你還好嗎？「四十歲，後悔度調查表」　022

chapter 1
〔生涯篇〕
四十歲是決定「下半生怎麼活」的最後機會

❶ 揭穿四十歲以後突然襲上心頭的「徬徨不安」　024
「心中那股忐忑」源自於……？

「五個觀點」分析自己的不安

❷「自我評價」應重於「公司評價」 032

這世上不存在「正確、妥當的評價」

人資最忌諱的「月暈效應」

四十歲後別再當「雜務工」

❸用金額衡量「自己的市場價值」 037

「三十五後轉職無望論」已經過時

建議當面和人力仲介聊聊

價值低落者應專心從事「能提升價值的工作」

❹化身為一張「稀有卡片」 042

站上「自己的擂台」，光速拿下戰果

利用「異種結合」尋找藍海

❺決定「下半生該做的」三件事 047

爲什麼上了年紀後，時間走得特別快？

「圓餅圖」的效果超乎想像！

❻ 四十歲以後須學會經營「個人品牌」 052

「將人生奉獻給公司」有多淒涼

Recruit培養出眾多經營者的原因

個人品牌即是杜拉克提出的「平行事業」理論

❼ 培養一個「月賺七萬日圓的副業」 057

「副業禁令」要遵守到什麼地步？

重點不是金額，但絕對需要一個目標金額

也可以「收購小公司」

討論 四十歲「金錢的後悔」①：永無止境的論戰——買房或租房？

chapter 2

〔公司篇〕

身處「暗潮洶湧的組織」需培養出高超的泳技

❶「要往上爬還是放棄升官」盡早拿定主意 068
愈來愈多人「不想出人頭地」
一流的社長，都在四十歲時決定「我要當上社長」
升不升官二選一，搖擺不決最不妙

❷捨棄個人技能，優先培養「組織技能」 073
若想法還停留在三十歲，四十歲肯定碰壁

❸絕口不說人家壞話，「樹敵」是大忌 080
「不要輸給那個部門！」這句話竟然會衍生出嚴重的問題!?
「王牌」通常得面對眾多「看不見的敵人」
日日精進不懈，才能獲得名爲「聲望」的疫苗

❹四十歲要懂得向「反面教材」學習 085
好榜樣難尋的時代
反面教材乃強力的「警惕」
面對好榜樣採攻勢，面對壞榜樣採守勢

❺遭逢危機時，想成「有人在測試我」 090
對於突如其來的降職不吭一聲

「發飆」而丟掉大好未來的員工
將遭遇的危機想成「祕密視察」
❻ 與其討好上司，不如尋求下屬認同 095
上司過個十年就會消失，但下屬呢？
不必逢迎諂媚，「適時關心」即可
商務人士的下半場比賽全靠「與後輩的關係」
討論 四十歲「金錢的後悔」②：最具代表性的五個「悔不當初」

chapter 3

〔管理篇〕掌握「正確的交代方式」，自己和團隊才動得起來

❶ 首先掌握「交辦的大原則」 106
不是「無法交給別人」，只是「自己想做」？
「善前」不善後

❷ **拋棄三十歲之後養成的「名嘴」身分** 110
「名嘴」個性不改，只會阻礙四十後的成長
到頭來，四十歲以前都只是「見習領導」
回想當初，我也曾怨嘆：「如果是我當上司……」
❸ **四十歲必須懂得「動員年長下屬」** 115
沒有「年長下屬」的公司反而不妙？
❹ **抹煞「身為選手的自己」** 120
選手或教練是永遠的「取捨問題」
「和下屬比業績的上司」簡直糟糕透頂
從對下屬說教，改為「請教下屬」之後……
事先鎖定「扮演教練的時間」
❺ **「夾心餅乾」其實是求之不得的好機會** 127
不會碰到兩難的人代表「沒有存在意義」？
迎合下屬，最後只會遭殃
只要看到「曙光」，人就能堅持下去
討論 四十歲「金錢的後悔」③：為什麼我都存不到錢……

chapter 4

〔私人篇〕暫時拋開工作，完全投入「個人生活」

❶ **不要追求工作生活平衡，而是「生活一〇〇%」** 136

現代四十歲人，根本沒有所謂的工作生活「平衡」？

世上幾乎沒有「少了你就會停擺的工作」

試著寫出「自己理想的生活」

❷ **家庭內的「細微變化」可別看走眼** 141

爲什麼有人會「中年離婚」？

「沒離婚的人」都有做到這件事!?

❸ **週末時間「六分法」** 146

五十歲以後「最後悔的事」？

週末時間分成六時段，可運用時間遽增？

如果會「Monday Blue」，挪一個時段來工作

❹ **一天至少要和孩子「一起吃一頓飯」** 151
後悔自己「沒好好帶小孩」的夫婦
與其「假日一次來」，不如「每天做一點」
正因爲時間不夠，更要提高時間密度
❺ **能幹的四十歲人士懂得區分「五種角色」** 156
「眼裡只有工作的人」退休後的日子堪比拷問
你有幾副「面貌」？
❻ **不管別人怎麼說，都要「徹底對抗老化」** 161
「一天兩萬步」，走出年輕體魄的社長
「抗老」意識低落？
討論 活出精采的四十歲①：潛心鑽研挫折，最終成立「研究所」

chapter 5

〔時間管理篇〕工作效率好的人都會「這麼做」

❶ 邁入四十歲，先決定未來「不做的事情」 170

「TO DO LIST」是萬惡的根源!?

如何編排「不做也沒關係」的清單？

資料和會議都會孳生「不做也沒關係的事」

若一時戒不了，可以試著「縮減」「改變」

❷ 把「十分鐘的時間」發揮到最大限度 177

「多出來的十分鐘」最適合發揮創意

其他效果可期的「十分鐘工作」

❸ 記錄自己的工作，並加以改善 182

突如其來的「加班禁令」，所有工作都落到主管身上！

「記錄」就能提升工作速度!?

平行共享資訊，全公司成功「縮短工時」

❹ 自在操控「時間小偷」 187

四十後後總渴望擁有「不受打擾的時間」

專心做事時，下屬來尋求商量怎麼辦？

「超前部署」避免被上司叫走

❺ 無論如何都必須嚴守「時間表」 192

時間到了卻還沒做完……這時該怎麼辦？

刻意「做到一半」先打住

❻ 週三上午只處理「重要但不緊急的工作」 197

「那張四象限圖」評價不好的原因是？

處理核心業務的時間，絕對不做其他工作

❼ 編列「有空時想做的事情清單」，挺過心理危機 202

解救某位經營者的「魔法卡」

寫下「希望」並不定時看一眼，再渺小也沒關係

「第三時間」可以活化心靈與頭腦

討論 活出精采的四十歲②：貫徹「喜歡」的事，直至創業

chapter 6

〔人脈篇〕四十歲後，「往來對象」會決定人生成敗

❶ **想像自己回到二十歲，再度「拓展新人脈」** 212

過濾三十歲的人脈，進入四十歲後重新擴張「四十以後的人脈」會改變你的世界！

❷ **廣結善緣，「朋友的朋友就是朋友」** 217

極致發揮「一週一次」機會的職業婦女人脈術
不喜歡「酒局」的人，可以召開「讀書會」

❸ **刻意嘗試與「話不投機的人」相處** 222

「大學畢業後一直待在同一間公司的人」最危險！
認識「不同世界的人」才有趣！
留心「沒有派不上用場的人脈」

❹擁有「全力支持者」的四十後終將成功 227
藝術家有贊助者支持，知名經營者有「全力支持者」撐腰
展現鍥而不捨的姿態，「支持者」就會現身
四十歲是拓展人脈的黃金時期
❺開始「維護人際關係」 232
永遠等不到「下次再約」的下次？
莫待天人永隔，徒留後悔……
❻積極建立「年輕朋友的人脈」 236
無論管理或人脈，永遠都是「下先於上」
透過年輕人脈、成功「改革」的業務課長
❼除了知道「好店」，還要有「私人愛店」 240
準備幾間適合不同場合的「店」
高手都怎麼運用「私人愛店」？
討論 活出精采的四十歲③：留學MBA，受挫之後賺進一億日圓的年收

chapter 7

〔學習篇〕在有限時間內，獲取最大成果的「大人學習法」

❶ **後疫情時代務必養成的「一項能力」** 248

緊急訪問「後疫情時代應具備什麼能力」

溝通方式必然改變

❷ **學會「自己思考和書寫」** 255

能幹的人「書寫速度一定很快」！

面對經營者方針，不可「囫圇吞棗」

「現場百回」雖重要，但走馬看花也沒意義

❸ **集中學習「可以變現的能力」** 260

徹底討論「四十歲後考證照的好壞」

「證照×能力」，賺錢機會倍增

「家庭教師」的需求上揚？

❹ **利用「集中選書」，在短時間內有效加深知識** 266
看過十本書就能成為「專家」？
「同時閱讀現在與過去的書籍」也是個好方法
❺ **趁四十歲打贏「讀書敗部復活賽」** 271
年齡愈大，「愈沒體力讀書」……
考取證照，替三十歲的自己「雪恥」
重新養成「坐在書桌前的習慣」
❻ **養成「說得出口的文化涵養」** 276
臨陣磨槍的涵養，經營者一眼就能看穿
接觸一流人士，就能培養出分辨一流的眼光？
不能空有知識，也要靠「身體」學習
附錄　我的現況分析表　281

你還好嗎？「四十歲」後悔度調查表

- □ 每天都很忙碌，但並不討厭忙著工作的自己。
- □ 工作還是實務至上，重要的是親自動手。
- □ 雖然知道事情要交辦出去，但到頭來還是忍不住自己攬下來。
- □ 平日經常加班，但假日時間都拿來陪伴家人。
- □ 雖然不排斥升官發財，但盡量不去想這些事情。
- □ 最近的年輕人不喜歡別人過度干涉，所以盡可能跟對方保持距離。
- □ 大學畢業至今還沒換過公司。
- □ 現在完全沒時間留給興趣，覺得退休之後再培養就好。

以上勾選超過 5 項者，就是潛在的「飲恨者」。
立即改變你的想法吧！

1

CHAPTER

〔生涯篇〕

40歲是決定「下半生怎麼活」的最後機會

01

揭穿四十歲以後突然襲上心頭的「徬徨不安」

邁入四十歲後，總會「沒來由地感到徬徨不安」。千萬不能忽略這種情緒，我們要揭露這份不安的眞面目。

＊「心中那股忐忑」源自於……？

「雖然目前的工作和生活尚且順遂，但心裡卻始終懷著一股『忐忑』。」

這恐怕是不少年過四十者的心聲。人或多或少都懷著不安，我想只有極少數人可以斷言「自己對未來沒有一絲擔憂」。

這股不安究竟從何而來？原因當然很多，不過共同的病灶往往是**「不知道自己的工作或所處的業界未來是否仍能一帆風順」**，也就是擔憂未來。

現在年屆四十的日本人應該還記得，自己當初在找工作時，長銀、日債銀等國營金融機構和山一證券等大企業相繼宣布破產的狀況。知名企業、大企業一個接著一個倒閉或相互合併，不管身處哪個企業，都不能保證明天會發生什麼事情。相信這些朋友應該有很深的體悟。

加上ＩＴ和ＡＩ科技日新月異，報章雜誌和網路新聞時不時跳出類似「自己的工作會被取代」的標題，讓人天天活在威脅之下。

而「忐忑不安」的眞面目，就是我們面臨這般不確定的狀況時會啓動的防衛本能。

*「五個觀點」分析自己的不安

倘若此時放棄思考，對自己搪塞「船到橋頭自然直」，肯定會後悔一輩子。

爲避免上述情形發生，希望大家務必在步入五十歲之前做到一件事：**客觀評斷自己與所屬的公司（組織），並預測未來的發展性**。

你搭的船是撞到冰山或鯨魚也會毫髮無傷的大船，還是每逢風雨都險而翻覆的小船？又或者是你什麼也沒做就已經開始下沉的破船呢？釐清自己上了哪條船，起碼可以掌握「不安的眞面目」，找到自己能做的事。

以下介紹一張我在職進修時習慣使用的表單。我會列出五個項目，並以五分爲滿分，寫下各個項目的分數。分析的重點在於「宏觀→微觀」，也就是必須依照以下順序：

①公司所處業界→②公司自評→③所屬部門→④直屬上司→⑤自我評價（本書最後備有空白表格，見二八二頁）。

①公司所處業界

首先要分析自己公司所處業界的現況。目前是處於欣欣向榮的成長期，還是趨於穩定的成熟期，抑或是日漸萎靡的黃昏期？請以中長期的眼光來判斷自己的處境，不要短視近利。

即使身處同一個業界，每間公司的狀況也不盡相同。以成衣業爲例，過去光鮮亮麗的百貨專櫃品牌如今漸漸式微，而以Uniqlo爲首的產銷一體化的商業模式（SPA）卻日漸茁壯。ZOZOTOWN等電商的業績更是大幅成長。

②公司自評

不僅要概觀評論自己公司在業內的排名（業界頂尖、第二或三名、前

例

自我現況分析表

■ 評判基準(共 5 級)

5:非常良好 4:良好 3:難分好壞 2:有問題 1:非常有問題

項目	評價	評論
① 公司所處業界 (xxxxx 業界)	3	■ 近 5 年左右的業界狀況 ・受少子化影響,市場逐漸縮小。不過,服務業人手短缺反倒是一項有利因素 ・然而新冠肺炎疫情衝擊,未來堪憂 ・IT 的革新也造成十足的威脅
② 公司自評 (xxx 公司)	2.5	■ 業內排名、經營狀況、成長、競爭優勢 ・雖然綜合排名沒有 TOP 10,但特定領域足以角逐第 2、3 名 ・無論綜合或特定領域,都具有難以望其項背的頂尖對手 ・無法成為市場龍頭,也沒辦法在特定領域拔得頭籌 ・公司缺乏足以開創新商機的高水準人才 ・20 ~ 29 歲的離職率非常高,招不到優秀人才
③ 所屬部門 (xx 部門 xx 組)	2	■ 公司內的排名、業績、未來發展 ・屬於不直接影響公司獲利的部門,在公司內部地位低落,也沒有負責的直屬董事 ・在公司內的定位不算「主流」 ・較無人事權與預算權
④ 直屬上司	3	■ 公司內的實權、未來發展、與自己的關係 ・基本上是個聰明的組織人 ・了解大量資訊,且持續更新 ・雖然個人執行能力很強,卻稍嫌優柔寡斷,也不擅長交辦事情給下屬,習慣獨自處理 ・在公司內的權位不會更高了 ・貴為常務董事,但和其他部門角力時卻屈居劣勢,所以自己部門的部長、課長(我)、小組長、負責人都必須「自行處理工作並設法求勝」,很難做事 → 希望他能善盡自己身為常務董事的職責
⑤ 自我評價	4	■ 評價自己的能力、技能 ・3 年前從同業最大間的公司跳槽過來,因此想做的工作都會到自己手上,公司內的評價也不錯,還算滿意 ・上一份工作所培養的技能幫助我輕鬆處理現在的工作,反而希望能有再成長的機會 ・但這份工作裡的經營階層和上司並沒有值得效仿的模範,也沒有其他能帶來刺激的人物,在自我成長上處境堪憂

十或更低），也要分析其經營狀況，諸如業績是否呈現成長趨勢，是否擁有明顯的「強項」，自己在公司能否做想做的工作，未來發展是否樂觀等內部情況。

③所屬部門

分析自己的部門在社會中屬於主流還是支流，業績如何，未來發展性又如何。

四十歲之後，不少企業會依部門整體業績決定獎金金額，不同部門間拿到的數目差上兩倍也不是什麼稀奇的事。可以觀察一下自己的部門在這種制度下吃不吃虧。

④直屬上司

上班族的人生被上司左右，這是不爭的事實。請冷靜判斷自己現在的上司值不值得信賴，還有他在公司內的發展性。

最糟的情況，假如判斷後發現待在現在的上司底下恐怕無望出人頭地，那該怎麼辦？如果身處大企業，還有轉調部門的可能，但若是在中小企業這種人員相對固定的地方，或家族企業這種基本上不可能爬上高位的情況，你應該考慮換工作。

⑤自我評價

根據①～④的結論，進行自我評價。秤秤自己的技能有多少斤兩重，走出這間公司後是否堪用，還是連在這間公司裡都缺乏競爭力？

綜合上述各項分析結果，審慎思考繼續待在這間公司或組織、上司的麾下，到底會不會有未來。

最後再重新瀏覽一遍自己填寫的表單，探究「不安的眞面目」。

有些人不安的根源可能是「自己能力不夠強」，有些人則是「待在現在這間公司，無法做自己想做的事」「這樣下去，繼續在這個業界也沒有未來可言」。

不安的樣貌因人而異，但**了解「茫然不安的眞面目」後，起碼可以看出解決問題的方法**。光是這麼做，你就會豁然開朗。

POINT

若不清楚自己到底對什麼不安，努力釐清就對了。
這才是邁向「四十無悔」的第一步。

02

「自我評價」應重於「公司評價」

不想在意「公司的評價」，反倒卻愈來愈介意。但老是被牽著鼻子走，最後只會淪爲公司眼中「呼之即來，揮之即去」的存在……

*這世上不存在「正確、妥當的評價」

我至今聽過一萬名以上商務人士談論自己的煩惱，其中「沒有獲得公司正當的評價」肯定能排進前三名的苦惱。

面對這項煩惱，經常有人建議「應該了解公司與上司想要什麼，並持續回應他們的期待」。然而事情沒這麼單純，甚至可以說**四十歲後若還老是在「想辦法回應公司與上司的期待」，到頭來只會害自己蒙受損失**。

而且工作的內容也不全然都是可以用數字衡量的。即使同處一個業務部門，負責的區域是大企業雲集的都市，還是人口稀少的地方，兩者跑業務的效率也有天壤之別。就算兩人的業績同爲五千萬日圓，只負責一間大公司的人，跟負責幾百間中小企業的人，兩者的效率與面對的困難也截然不同。

我反倒認爲，你**「不該期待公司會給你正確、妥當的評價」**。

畢竟就連負責評鑑的人事負責人和主管，也永遠都在煩惱「如何評價才公正」。不論是目標管理（MBO）、成果主義，還是分級制度、參與積極度，各種人資評判標準來得快，去得也快。而這也代表想要正當評論他人並不容易。

曾有一位人資專家告訴我：「最優秀的人資考核方法，應讓所有人都感到些許的不滿。」我想這正表現了績效評估上眞實的一面。

＊人資最忌諱的「月暈效應」

四十歲之後，你關心的重點必須從「公司對自己的評價」轉移至「自己對自己的評價」。換句話說，**「你希望別人認爲你哪一方面特別厲害」**。這是一種自我行銷，也可以說是替自己換個標籤。好比說「要和總公司協調就找A」「要用英語交涉就找B」「要發表就找C」。

各位或許曾聽過所謂的「月暈效應」，意思是「當你有一項能力特別突出，其他能力也更容易獲得高度讚賞」。人資考核研習上一定會再三警惕學員，評價時不可以被月暈效應影響。這也代表著月暈效應的效果有多大。毫無特色的人碰到有特色的人時，很有可能淪爲月暈效應的犧牲品。

你必須準備一張「某方面特別厲害」的好牌，在自己身上也引發月暈效應，才能與之抗衡。

＊四十歲後別再當「雜務工」

如果忽視這一點，傾盡全力「做出公司和上司要求的成果」，最後會怎麼樣？你有可能變成他人眼中的「雜務工」，落到自己手上的工作只會是「多餘的」，而不是你擅長的事情。無論你處理掉多少自己不擅長的工作，別人也只會覺得你真的很適合當雜務工，對你整體工作評價一點幫助也沒有。

能幹的四十後不會接下雜務，只做能提升自我評價的工作。這一點很重要。

因此你必須先營造「○○先生／小姐很擅長××」的形象。這種專長的事情再小都無所謂，此外還要習慣公開自己的成果。可以先從「某方面比別人厲害一點」「和其他人比起來自己比較能幹」的程度開始，例如「問題發生時，可以找D滅火」。光是這點就足以成爲你的一大強項。

這麼一來，你理當就能陸續接到自己拿手的工作。如果做出成績，還能樹立起自己在公司內的專家地位。萬一未來要轉換跑道時，也可以展示自己有這麼一個「優勢」。

POINT

專挑「會提升自我評價的工作」，迴避「只求被公司讚揚的工作」。

03

用金額衡量「自己的市場價值」

相信所有人都曾因爲對工作、公司不滿而考慮「換工作」。
但年過四十還這麼想，是不是已經太遲了……？

＊「三十五後轉職無望論」已經過時

一九七〇年代出生的日本人，社會上俗稱爲「下下籤世代」。由於這個年代的出生人數特別多，考試競爭相對激烈，導致一大票學生考不上理想大學、擠不進理想公司，只得含淚飲恨。而且這一代人找工作時，恰逢泡沫經濟破滅的「大冰河時期」。本來就是公司正職人員的話倒還好，如今已成社會問題的大量「約聘員工」多半都是這一代人，可謂社會局勢下的犧牲品。

沉重的話題暫且打住，接下來我們聊些正面的。

大冰河時期，各企業減少雇用新人員。可想而知，這導致你在公司裡頭找不到半個和自己相同年代出生的人。也因此現在各界對於四十歲人才的需求，都達到了前所未有的高峰。**「三十五後轉職無望論」已經是昭和或平成中期時代的都市傳說了**。

當今許多企業的年齡結構呈現「倒金字塔型」，即年齡層愈高，員工數愈多。不過也有很多公司呈現「紅酒杯型」，也就是只有四十～四十九歲這個年齡層的員工特別少。換句話說，任何一間公司都很缺四十歲的員工，所以只能尋求有意轉換跑道的人來填補這個坑。

＊建議當面和人力仲介聊聊

根據以上前提，我推薦各位可以嘗試**「爲轉職認眞做一次準備」**。不論你對公司是否不滿或有無轉職的念頭，總之先別急著拒絕，試著認眞思考轉職問題，並實際行動看看。

因爲這麼做，可以看見自己眞正的「市場價值」。

先上人力銀行網站註冊，看看自己的年齡、經歷、業種等條件下有哪些職缺。有些人在人力市場上明明有年收一千二百萬日圓的價值，待在現在的公司卻只拿六百五十萬日圓。也有人剛好相反，在人力市場上價值六百五十萬日圓，目前卻領了將近一千萬日圓的年薪。

曾於大型組織擔任過主管的人、擅長溝通的技術人員、懂英文的技術人員、精於和特定國家做生意的人、IT業專案經理或系統審查專員……你可能會驚訝，這類專業人士在人力市場上的評價遠比預期來得高。

你甚至可以實際前往人力仲介公司，和負責的人員聊一聊。重點在於多跑幾間仲介公司，而且要專挑規模夠大的、專門找管理階層的、負責特定業種的公司。

從事這些活動時，也可能找到你眞正想做的工作。我就認識不少人四十歲以後選擇轉職，待遇也隨之大躍進。

＊價值低落者應專心從事「能提升價值的工作」

不過最重要的還是「了解自己的市場價值」。唯有掌握此點，才會知道自己未來的職涯何去何從。撇除轉職與否的問題，知道自己在市場上很有價值可以建立自信，如果價值不高，也知道只要努力提升價值就好。

這時我們必須了解「滿足什麼條件才能提升市場價值」。如果需要英語能力，就去學習英文。如果需要「主導專案的經驗」，就自告奮勇接下工作。

換個方式說，四十歲之後應**盡量迴避無法提升自己市場價值的工作**。

時間有限，必須「專挑能提升自己市場價值的工作來做」。

最後跟各位分享，其實大多數人換工作時，最後獲得的條件都會比一開始調查的優渥許多。市場價值終究是由供需雙方共同決定，所以不必太悲觀，兀自認定「自己的價值比想像中的低」。

不過從事轉職活動時請務必謹慎行事，太過張揚容易遭人提防。

POINT

調查過「自己可以勝任年收多少的工作」，就能擬定未來的工作方針。

04

化身爲一張「稀有卡片」

年屆四十，任誰都有一、兩個「擅長的領域」或「強項」。那些優勢是否夠「稀有」，能否讓你與眾不同？

＊站上「自己的擂台」，光速拿下戰果

四十歲後一定要做的事情之一，就是打造一座「自己可以戰無不勝的擂台」。若面對任何工作都能拿出不錯的成果當然再好不過，然而一旦脫離自己擅長的範疇，工作效率難免下滑。想要以迅雷不及掩耳的速度創下成果，祕訣就是**創造一個「公司內無人能敵的領域」，並且「只做這個領**

域的工作」。

這和顧問業的思維相同。就像我的必勝擂台是「法人業務領域」中的「陌生開發項目」。

單靠「經營顧問」的稱號，永遠也贏不過那些赫赫有名的顧問，或像麥肯錫和 BCG 等國際級顧問公司。但「專攻法人業務」就可以大幅縮小競爭範圍，而「陌生開發」又是其中更小的一塊領域。若是在這一座擂台，我累積了大量自我推銷的經驗，就能有自信不會輕易輸給其他的知名顧問公司。打造自己能跟人一決勝負的「必勝擂台」就是這麼一回事。

論組織內的工作，擁有「自己的擂台」也會成爲你壓倒性的優勢。舉個例子，我有一位很熟的朋友，他是名業務主管，公司內沒有人比他更有辦法「協助無能業務脫胎換骨」。雖然他帶領的團隊，業績都落在平均水準，但這份強項卻讓他在公司內獲得極高的評價。

另外我也認識一名四十來歲的工程師，他拒絕升上管理階級，但在廠房設計CAD的技術卻無與倫比。這麼寶貴的人才，公司自然不肯放手。

＊利用「異種結合」尋找藍海

重點是「在哪裡建造自己的擂台」。

年過四十的你，一定培養出了某些強項。不過如果「其他人也有相同能力」，就顯不出你的特別。若以行銷角度來說，我們要追求無人揚帆的「藍海」，而不是競爭激烈的「紅海」。

東進補習班的電視名人林修老師，學生時期本來就很擅長「數學」，一開始也是擔任數學講師。然而當時補習班已經有太多數學名師，於是他思索哪個科目才能讓他站上頂點，最後選擇了「現代文」。

這種做法正符合所謂的藍海策略。請務必找出公司內還沒有人做過的事，挑選一個可以彰顯獨特性的領域。

最快的方法，莫過於「一招致勝的組合技」。

單獨存在時稱不上「獨特強項」的能力，結合兩、三個這樣的能力之後，也可以成爲「前所未有的強項」。如同唱歌和跳舞兩種能力都普普的人，只要學會「又唱又跳」，就可以當上偶像（不過近年的偶像還得再多練一、兩個特技或特色，才有辦法生存下去……）。我所擅長的「法人業務陌生開發」，就是利用這種方式創造的個人強項。

將意想不到的內容加以組合，有時也能成爲你的強項。我有個朋友，他是一名「善於和顧客協商」的「技術人員」。由於一般技術人員大多個性內向，所以他在商談場合上算是不可多得的人才。

可以想想自己該如何才能成爲「罕見」的存在，**化身爲一張「稀有卡片」**。先思考看看「自己的業種和哪種形象最沾不上邊」，這個問題可以帶來一些啓發。「不拘小節的會計師」「擁有稅理士證照的業務」「擁有國際觀的唎酒師（熟悉各種清酒的專業侍酒師）」……世上充滿無限可能。

如果自己找不到「必勝擂台」，也可以和信賴的前上司、前輩、同事、朋友討論。很多時候，旁觀者更清楚你的強項在哪裡。藉由客觀建議找出「自己的擂台」也是一種方法。

POINT

請務必認真思考如何成為一名「稀有人物」。

05

決定「下半生該做的」三件事

四十歲後，可以明顯感覺到時間過得愈來愈快，而且也很焦慮，不知道接下來的職涯該做什麼……

＊為什麼上了年紀後，時間走得特別快？

四十歲是人生與職涯的轉折點。你是否覺得從出社會一直到今天的時光，不過是一眨眼的事情？不過未來**人生下半場比賽的時間，會過得遠比上半場還快**。光陰轉瞬即逝，可不能成天遊手好閒。

之所以年歲愈長，愈感覺到時間流逝得很快，有一說認爲這和人生長度的比例有關。對六歲的孩子來說，一年的時間是他人生的六分之一。不過對四十歲的人來說，一年僅占了其人生的四十分之一。而對七十歲的人來說，一年只不過是他人生七十分之一的時間。這麼一想，確實有些道理。所以四十歲之後，我們必須珍惜時間，篩選「剩下的人生要做的事」。

我想跟各位分享一個方法。這個方法來自現在致力於教育事業的藤原和博先生，他是我在Recruit工作時的大前輩。請舉出你未來**三個「想得到的東西」「想完成的事情」「想珍惜的事物」，並畫成圓餅圖**。

「想得到的東西」「想完成的事情」「想珍惜的事物」想必不會只有三個。一開始先自由發揮，想到什麼全部寫下來。不妨以自己過去發下的宏願爲出發點，想想「我當初進來這間公司是想要做什麼事情」，並分析自己現有能力與知識能做到什麼程度，又該做點什麼才能實現自我。

倘若始終覺得自己的想法太抽象，從「想得到的東西」下手會比較容易浮現具體的事物。

＊「圓餅圖」的效果超乎想像！

接著從你寫下的所有「想得到的東西」「想完成的事情」「想珍惜的事物」之中，挑出前三名。這個過程非常重要，因爲這就顯示了你**「人生中重視事物的優先順序」**。

過濾前三名的方式各隨人意，但我建議像下頁這樣用星號或數字來評分會更清楚。

以圓餅圖來表現人生中重視事物的優先順序

例

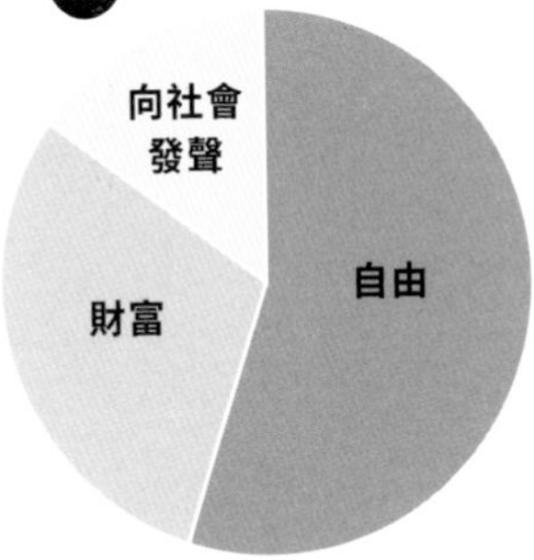

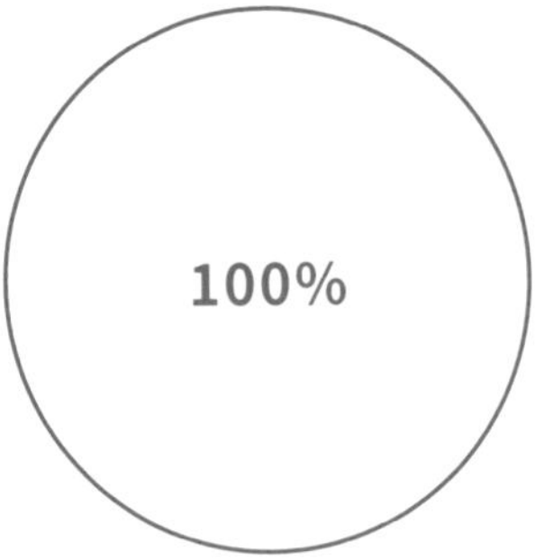

「☆☆☆ 一定要留下來」
「☆☆ 想要留下來」
「☆ 視情況可以捨棄」

最後再以百分比的方式分配三項的比重，並繪製成圓餅圖。這張**圓餅圖會成爲你四十後人生的時間管理基準**。

我四十歲時畫下的圓餅圖，包含了「自由、財富、向社會發聲」。自由的比重過半，緊接著是財富，最後則是向社會發聲。我將這張圓餅圖貼在我隨時看得到的地方，每年年底若有時間也會重新審視。假如需要，也可以微調三項的比重。

最後我自立門戶，從事自己喜歡的工作。不僅獲得「自由」，收入（財富）也水漲船高。而同時也不忘「向社會發聲」，最後如願出版了自己的著作。

圓餅圖的威力不容小覷，推薦各位也試試看。

POINT

篩選出剩餘人生中渴望獲得的「三項」事物，並且放在經常看得見的地方。

06 四十歲以後須學會經營「個人品牌」

這個時代，年近五十的人經常面臨被「免職」「調職」。我們眞的需要「爲了公司鞠躬盡瘁」？應該預先做好什麼準備？

*「將人生奉獻給公司」有多淒涼

我有位朋友前陣子出席了高中同學會，他後來和我聊起一件事。

「我一個同學，大學畢業後進了大銀行，但五十三歲的時候卻被調往客戶的企業。明明碰到這種事情，他在銀行上班的最後一天，還特地跑到總行前面，拍了張紀念照片分享到社群媒體上。他竟然還愛著那間公司，眞叫人吃驚……」

儘管你對公司的愛再深厚，公司也不見得會愛你。過了五十，可能會被免除管理職，甚至被調派到其他公司，年收瞬間下滑。如果你退休後繼續接受公司雇用，薪資恐怕還會降到和新人差不多的水準。

許多企業會替五十歲以上的員工安排「第二人生研習」，協助他們規畫退休後的人生。不過研習一開始便會亮出他們未來可以領到的薪資、退休金和年金的金額，所有人一得知那少得可憐的數字，往往心灰意冷，之後的研習過程也變得心不在焉。

* Recruit 培養出眾多經營者的原因

爲避免自己陷入這般窘境，必須趁四十歲時盡早拋棄「爲公司而生」的心態。假如將存在意義全部寄託在公司上，一旦感覺自己「遭到公司背叛」，整個人就會萎靡不振。

我有一個提議。在公司或組織裡工作的人，必須**思考如何妥善經營「個人品牌」**。換個想法，此後別再當「○○公司××部門的大塚」，想像自己正在經營一個名爲大塚的「個人品牌」。

大家都知道，我的前東家Recruit人才輩出。我想當年公司提倡的「人人都是經營者主義」，的確對員工的心態造成非常深遠的影響。所有人都認爲「我是自己手上工作的經營者」，不覺得自己只是受雇於一間公司的員工。當時的Recruit簡直是「個人品牌」集散地。

我想因爲這樣，Recruit才會培養出這麼多知名經營者。諸如USEN的宇野康秀、Link and Motivarion的小笹芳央、LIFULL的井上高志、MACROMILL的杉本哲哉。這項傳統延續至今，也持續有年輕經營者嶄露頭角，好比Schoo的森健志郎、Jimoty的加藤貴博、ASOVIEW的山野智久等人。

*個人品牌即是杜拉克提出的「平行事業」理論

創業不是必須，只要切換觀點，視自己爲一個「品牌」，且自己就是該品牌的「經營者」即可。如此便會明白，「○○公司的課長」這種頭銜也只不過是其中一項生財管道。經營的原則就是將雞蛋分散在不同的籃子裡，於是種種想法也會油然而生。你會開始思考如何開源，例如找個副業或是開一間只在假日營業的店。

這正是管理大師杜拉克所提倡的「平行事業」（Parallel Career）。他在《21世紀的管理挑戰》一書中強調，未來的商務人士除了本業之外，必須擁有其他工作或是參與NPO活動，實踐「平行事業」。

換句話說，**你需要公司名片之外的「第二張名片」**。

我身邊也有許多上班族擁有「第二張名片」。有人利用假日經營餐廳；有人平日晚上擔任講師；有些人則因出版書籍或經營部落格而聲名大噪。這些人即使被公司背叛了，想必也不會過度失魂落魄。他們甚至可以透過本業之外的活動獲得更多元的觀點，而這些收穫肯定也能回過頭來應用於本業上。

我雖然身爲企業經營者，不過也擁有第二張名片。我還同時受雇於某位前輩創建的網路研習公司「Sapuri」。

這一代四十歲人恰好夾在爲了公司「滅私奉公」的世代，與更重視自我的世代之間，因此很難拿捏自己與公司之間的距離。但**現在這個時代，為了公司鞠躬盡瘁也換不來公司照顧你一輩子**。請務必審視自己與公司的關係，看清是否只是自己「一廂情願」。

POINT

「單戀公司」也得不到回報。
請立即準備公司之外的「第二張名片」。

07

培養一個「月賺七萬日圓的副業」

現代有愈來愈多大企業解除了「副業禁令」。許多人雖明白應當乘上這一波浪潮，但對於一開始究竟該做些什麼卻毫無頭緒。

＊「副業禁令」要遵守到什麼地步？

上一節我們聊到，若不想把整個人生押在公司，必須擁有「第二張名片」。而最簡單的例子就是從事「副業」。我呼籲所有人四十歲之後可以開始拓展「副業」。

雖然最近許多企業接連開放員工身兼副業，但禁止的公司也依然不在少數。不過各位可以仔細閱讀一下當初簽的合約，相信很多合約上寫的應該不是「禁止從事副業」，而是類似「以不影響本業爲限」「不可於同業其他公司兼職」之類的「限制條件」。

順帶一題，我舉辦的研習活動中，偶爾會邀請一些商務人士來擔任講師，並支付他們些許演講費作爲答謝。但萬一害人家招來「從事副業」的閒言閒語也不好意思，所以我都會事先和該講師公司內的上司或人資接洽，確認沒問題才正式邀請。

洽詢時，公司往往表示「能否兼副業要看內容」。例如，「在酒店兼差不行，但擔任研習的講師就ＯＫ」，這也是公司原則上能接受的範圍。

＊重點不是金額，但絕對需要一個目標金額

觀察那些副業成功的人，會發現他們都有一個「訣竅」，那就是「設

定一個有辦法實現的收入目標」。具體來說，設定「一個月七萬日圓」差不多。

兼副業的主要目的是替自己準備「第二張名片」，收入多寡是其次。但如果數字設定太低，比方說「總之先賺個一千日圓的零頭就好」，你就不會有動力去經營，到最後也會因爲忙碌而不斷推延。然而目標設定得過高，投注過多心力又會對本業造成不良影響。

一個月七萬日圓不僅充分具有實現的可能，對於家計也是不無小補。這筆外快可以拿來「旅行」或當作「給孩子的零用錢」。只要看見用途，也更容易提高動力。

*也可以「收購小公司」

隨著數位轉型的時代到來，從事副業的門檻大幅下修，任何人都能輕鬆涉足副業。也因爲串聯企業與個人、個人與個人的網站屢見不鮮，「招攬客人」這項大問題也不再成爲阻礙。

舉例來說，有位四十後職業婦女J女士於週末開設插花教室，既滿足了興趣，又獲得實質的收入。不少人的副業會選擇專業手工藝教室，像這種手工藝類型的副業，就有一個專門提供老師與學生相互聯繫的網站「Craftie」，所以創業門檻相對較低。

市場上存在著無窮無數「教學」的需求，如「街頭學院」（Street Academy）就是一個人人都有機會成爲講師的平台。不妨參考這些網站，**好好思考自己累積的技能和經驗是否具教學價值**。如何準備發表資料、如何操作Excel，應該有不少你累積多年的商務經驗能發揮的主題。

最後介紹一項比較進階的「絕招」。任職於某外商的T先生會瀏覽「M&A網站」，尋找未來有發展性的公司或商家並進行收購。這些網站上有許多雖然業績良好，卻因爲後繼無人，只好尋求企業外部收購。他們只要找得到繼承人並提供充分的資金，就有能力賺取可觀的利益。聽說他靠這種投資方法，一個月可以賺進十六萬日圓。

美國很早以前就存在這種買賣小企業或商家的系統，日本近年來也終於漸漸發展出這種以繼承事業爲導向的小型 M＆A 機制了。

POINT

從「一個月如何賺七萬日圓」為出發點，思考自己能從事什麼樣的副業。

◎討論

四十歲「金錢的後悔」①：永無止境的論戰——買房或租房？

「買房或租房」是財經雜誌頻頻拿出來討論的「終極選擇題」。根據 Recruit 住宅公司的調查，二〇一七年購買首都生活圈新建公寓大樓者的平均年齡落在三十八．六歲。從這份資料可以推斷，許多人過了四十仍未決定到底要「買房還是租房」。

說穿了，這場論戰沒有正確的答案。時代背景、每個人的人生規畫、價值觀都會引導他們找出各自的最佳解答。但我們或許可以借鏡那些因為決定買房或維持租房，最後「後悔不已的人」。這裡跟各位分享我聽過的事例。

首先是「後悔自己沒買房子的人」。

從事航空業的U先生婚後十五年，一直住在月租十六～十八萬日圓的國營住宅。

夫妻倆皆有工作，所以可動所得還算充裕，也有能力選擇買房。然而當時房價持續下跌，他們盤算「未來可能出現更好的條件」，於是推遲了買房計畫。

結果住在公宅的時間遠超出原先預期，他們支付的房租總計超過三千萬日圓。這個金額都足以讓他們買下一間中古房屋了。

U先生因而後悔：「要是我能早一點下定決心就好了。」

另一方面，在即將突破四十大關之際買了公寓的W先生則是「後悔買房派」。他為了壓低每個月房貸，選擇分期付款二十五年，前十年固定利率，領取獎金的月分還多還一筆，且採本息均攤方式償還。

不過他卻失算了。他沒想到每個月的管理費、公共修繕費竟然這麼高。很多人買公寓時只看房價，很容易忽略其他連帶的費用。

而十年之後，固定利率轉為機動利率。所幸利率是減少而不是增加，不過W先生一看過去十年繳還的房貸歷史，錯愕萬分。房貸的「本金」根本沒還掉多少。換句話說，十年來他幾乎只還了利息。

雖然這本來就是「本息均攤」的特色，重點擺在償還本金的話，應該要選擇「本金均攤」的方式。不過W先生起初並沒有意識到這一點，發現時瞬間感到一陣空虛，令他後悔「早知道當初就不買房子了」。

房屋問題最麻煩的地方，在於往往得等到一、二十年後才會浮現。所以我們必須明辨未來趨勢。

雖然最後並沒有給出誰優誰劣的結論，不過從這兩個例子，我們可以學到兩件事：「無論哪一派，都應該當機立斷」「買房前應摸熟房貸機制」。

某不動產董事建議，可以選擇在公司宿舍住到退休，徹底省吃儉用。退休後馬上以現金購買中古房屋。也就是說除了租房或買房，其實也可以考慮其他選項。

2 CHAPTER

〔公司篇〕

身處「暗潮洶湧的組織」需培養出高超的泳技

01

「要往上爬還是放棄升官」盡早拿定主意

現在是「七成人當不上課長的時代」。雖然出人頭地萬萬歲，可是成天爲了升官汲汲營營的樣子也不好看……

＊愈來愈多人「不想出人頭地」

「升官」在現代似乎已經成了貶義詞。世人的價值觀改變，愈來愈多人「不想當上課長」「覺得當主管很麻煩」，因此選擇不升官的人生。

這個趨勢在工程師、ＩＴ業技術人員的圈子尤其明顯。也有很多人「起初就是因爲不善與人溝通才進入這個業界，所以根本不曾考慮當主管管理別人。」

但無可否認的是，我們必須升官才做得了大工作。

想要走哪條路只是價值觀的問題，不過四十歲後最好盡早決定**「到底要往上爬還是放棄升官」**。

最糟糕的情況是「舉棋不定，繼續茫然工作」。想要升官，須具備足夠的領導和管理能力，以及綜觀事物的眼光。至於不想升官的人，則應該盡快成爲「某方面的專家」。倘若在這方面躊躇不決，**白白浪費了十年光陰，到了五十歲只會變成「地位低又沒有專業技術的公司累贅」**。

常聽人說現在是「七成人當不上課長的時代」。根據日本厚生勞動省的薪資結構調查顯示，這句話的確切中事實。一九九○年代，大約有一半的人都可以當上課長。顯然主管的位子有逐年減少的趨勢。

＊一流的社長，都在四十歲時決定「我要當上社長」

如果你決定要「出人頭地」，則應該「明確訂下自己要爬到的位置」。當到課長就好，還是起碼當上部長？或是要成爲董事，甚至瞄準社長的寶座？接著思考那些位子需要什麼樣的能力，往後工作時多留意。

假設你的目標是當上社長，從今以後應該要學習以公司整體的觀點來看待工作。我詢問過那些攀上大企業頂點的人，他們大多表示「自己年輕時就下定決心要當上社長」，所以才能成功培養所需的能力吧。

四十歲可謂「升官競賽」的尾盤。換個方式說，這十年你依然具有十足的競爭力。

＊升不升官二選一，搖擺不決最不妙

倘若不打算升官，則該想想**「自己要成爲哪個領域的專家」**。如此一來既可以保護自己在公司的地位，換工作時也有個優勢。

曾於餐飲企業工作的Ｉ先生，四十歲後驚覺「自己所有時間都拿來工作，根本沒做到自己想做的事」，於是決定捨棄升官之路，作為一名專家活下去。後來更為了實現「攀登喜馬拉雅山」的夢想而離職。不過其他大型餐飲連鎖企業卻不願意對他放手，他反而獲得了一份年收更高的工作。雖然他現在已經六十好幾，但依然樂於工作。

假如已經決定不升官，最好盡早告知上司和人資。如果公司以往沒有人做過這樣的選擇，由你當開關這條路的先鋒又未嘗不是一種方法？

如果上司或人資員的「無論如何都希望你擔任主管」時，怎麼辦？既然人家這麼賞識自己，接受提議也不壞。

無論決定走哪條路，都要認眞考慮現代往往含有負面意涵的「升官」問題。這是四十歲必然面對的一關。

POINT

工作要不要往上爬是個人自由，
但「毫不思索升官與否」只會害自己後悔。

02

捨棄個人技能，優先培養「組織技能」

四十歲以前明明平步青雲，一過四十卻撞上了天花板，還眼睜睜看著能力不及自己的人不斷往上爬……怎麼會這樣？

＊若想法還停留在三十歲，四十歲肯定碰壁

「會工作的人，也不見得能在組織裡出人頭地。」

這句話出自於某企業幹部對一名後輩的叮嚀，那名後輩是一位剛過四十的新任課長。依我至今閱人的經驗來看，也覺得這句話實在太一針見血了。

換個方式說，**「真的有太多人明明很能幹，一過四十歲卻再也無法爬上更高的位置」**。

四十歲以前，「工作能力強」的人可以拾級而上。好比說「工作快狠準」「業績絕對能達標」「屢屢推出暢銷商品」。但也僅有四十歲以前能憑藉這些能力升官。四十歲之後反而是那些具備「組織技能」的人才能飛黃騰達。

組織技能有哪些，具體來說四十歲之後該如何改變，我想透過對比的方式來介紹。

① 別再「不顧一切提高業績」，應該「在提升業績的同時不忘謹守本分」

說得明白一些，就是要掌握公司和上司的「期待」，並且順著他們期待的方向創造成果。假如公司方針是「重視顧客滿意度」，則應避免太強硬的推銷，利用其他做法拿出成績。

四十歲以前，或許還可以「不擇手段拚業績」。但如果四十歲後還不改作風，即使數字好看，也可能拉低自己的評價，被公司視爲「不遵守方針的人」。實際上我也見過不少這樣的例子。

② 別再「對不合理忿忿不平」，應該「從小事開始積極處理」

上頭訂立的目標有時候實在遠大得不像話。不過與其羅列出理由抱怨「做不到、太困難」，倒不如積極看待，告訴自己「至少要達到某個程度」。

「就算整體業績無法達標，起碼要完成陌生開發率的目標數字」「至少可以整頓組織體制，爲下一期做準備」等等，拿出至少要完成一項目標的積極態度。即使你最後沒有達標，那份精神依然有機會受到正面評價。你做事的態度，其實高層都看在眼裡。

③別再「撞破部門間的隔閡」，應該「私下與各方交涉」

同一個組織裡的不同部門之間，經常有二律背反或抵換（權衡）的矛盾關係，這種關係有時甚至會以「部門對立」的形式浮上檯面。

四十歲以前像「半澤直樹」那樣強行突破部門間厚壁並打下戰果的人，或許會受到褒揚。然而四十歲後還強迫立場相左的對手下跪，只會被視爲「不懂得察言觀色的人」（而最後半澤在劇中也的確被調職了）。

四十歲後需要的是協調能力。要懂得私下與各部門和上司、領導協商，圓滑處事。

私下協商聽起來好像很偷雞摸狗，但這其實是一門相當高明的技術。必須綜觀事情的全貌，分析狀況，統合各個部門的意向，引導事情走向最佳結果。這是經營者的必備技能，愈早學會自然愈好。

④別再「批評上司」，應該「配合上司的步調」

四十歲後，有些話千萬不能說出口。諸如「上頭的做法顯然有問題」「上司雖然這麼說，但我其實怎麼想」。

「反抗上司的年輕下屬」可能會受到眾人支持，但四十後的員工在年輕人眼裡已經屬於「公司那一邊」的人了。如果還繼續批評公司或上司，年輕人也只會覺得：「那你怎麼不想辦法，搞定那個上司？」

我們難免會碰到合不來的、無能的上司，甚至人格有問題的上司。不過四十歲以後，還是要學會閉口不談上司和公司的不好。雖然這是酒席上必然出現的話題，但無論什麼場合下，都應該管好自己的嘴。

除非上司違反法令，不然即使碰到明顯不合理的方針，也要想方設法配合對方的步調。

或許有讀者會覺得這麼做根本是「縮頭烏龜」，可是我實在見過太多人明明能力超群，卻因爲成天批評公司或上司，最後被踢到其他公司，甚至被開除。有道是「忍一時風平浪靜，退一步海闊天空」。

⑤別再「和公司同事保持距離」，應該「充實公司內人脈」

很多優秀又孤芳自賞的人，都很討厭和公司同事「混在一起」。這種人只願意花心思拓展外部人脈，還不時吹噓「自己認識誰誰誰」「那個人在外面多有名」。

公司外的人脈確實重要，但假如年過四十還沒有建立起「公司內人脈」，工作也不會順利。

能幹的四十後，不僅與所屬部門同事間交好，和其他部門的主管與一般員工也有交流，所以碰到事情都能馬上找到人商量協調，並順利解決問題。而忽視公司內人際關係，只注重經營公司外人脈的人，四十歲後便會「遭人白眼」，在公司內被孤立。

前面介紹的五種組織技能（①別再「不顧一切提高業績」，應該「在提升業績的同時不忘謹守本分」、②別再「對不合理憤憤不平」，應該「從小事開始積極處理」、③別再「撞破部門間的隔閡」，應該「私下與各方交涉」、④別再「批評上司」，應該「配合上司的步調」、⑤別再「和公司同事保持距離」，應該「充實公司內人脈」），也許很多讀者覺得「這種做法不好看」。有些主張「不要依賴公司」「提高個人品牌價值」的書籍或講座，的確會否定這些做法。有人可以因此獲得成功沒錯，但也僅限於極少數能力超群的人。而且實際上，這種人最後大多也是遭到組織放逐。**「要帥後失敗」「難看但成功」，你選哪一個？**

POINT

四十歲以後請捨棄「突出的個人技能」，學會「難看卻重要的組織技能」。

03

絕口不說人家壞話，「樹敵」是大忌

一部小說或電影絕對少不了「勁敵」。勁敵的確可以刺激我們成長，然而四十歲之後，「勁敵」也可能帶給我們負面的影響。

＊「不要輸給那個部門！」這句話竟然會衍生出嚴重的問題!?

二十、三十歲時，「敵人」或「競爭對手」對我們來說是有益的。「不想輸給他」「下次換我給他好看」，這種想法有助於提升我們的表現。

不過三十五歲之後一直到四十幾歲，情況將徹底改變。因爲組織或公司上頭會期待你盡可能拉高「團隊整體的表現」，而不再重視你自己的「個人表現」。此後打的是團體戰，而非個人戰。

如果沒有察覺狀況已然改變，恐怕要吃上大虧。**「千萬不要輸給那個部門」「讓我們給總公司一點顏色瞧瞧」**，這種喊話方式有可能引發部門間的對立、主導權之爭，甚至是派系鬥爭。

這種鬥爭最後無論誰贏誰輸，都會留下一些心理疙瘩，未來可能會因爲一點小事再度引爆，陷入負面循環。我也看過幾間因內部烽火連天，最後走向破產的公司。

＊「王牌」通常得面對眾多「看不見的敵人」

既然如此，我們可以怎麼做？答案其實很普通：**絕對不要「說他人和其他部門的壞話」**。身爲部門領導者，如果公開表示「誰的做法已經跟不上時代了」「哪個部門的工作效率差到不行」，一定會傳到那些人耳裡，造成部門間的芥蒂。有心人恐怕還會添油加醋，攪亂公司內的氣氛。即使是私底下，也要謹言慎行。另外一件恐怖的事情是「嫉妒」。能幹的四十後就算不樹敵，敵人也會「自己冒出來」。

某企業的部長A先生年紀輕輕便功績彪炳，後來受提拔成爲海外新專案的負責人，是公司內名符其實的王牌。然而當時卻碰上金融風暴，他被迫放棄海外專案。

據說A先生這時才發現自己身邊有多少「敵人」。不少「幸災樂禍」的人因爲嫉妒A，所以看到他失敗時覺得大快人心。

A先生最後還是跨越了這道難關，並時時告誡升爲主管的下屬：**「在組織社會裡，被一個人認同的同時，就代表你多了七個敵人」**。這句話從有經驗的人口中說出來特別有說服力。

四十歲後必須小心「自然而然冒出來的敵人」。尤其若是你工作能力強，務必嚴加注意周遭嫉妒的眼光。有人說「樹足大則不畏風」，不過嫉妒最麻煩的地方是它就像病毒一樣，會從樹根一點一滴地侵蝕整棵樹。

＊日日精進不懈，才能獲得名為「聲望」的疫苗

那麼我們該如何避免嫉妒成爲絆腳石呢？雖然這又是陳腔濫調，但除了提高自己的「聲望」之外，也別無他法。如果爲人「厚德載物」，那些想扯你後腿的人也比較難在背後說你的壞話。因爲批評你反而有可能會害自己被當成壞人。

「聲望」是許多成果的累積，並非一蹴可幾，而且也沒有一個必定成功的方法。

儘管如此，邁入四十歲後也務必反省一下自己「是否有聲望」。也可以拿自己和身邊那些「人心所向」的人比較一下。

如果發現「自己的聲望好像不太夠」，只要針對原因做出任一項改變即可。例如改善「一忙起來口氣就變差」或「經常打斷下屬說話」的毛病。

有些人年歲增長後，脾氣也沒年輕時那麼硬。旁人通常會說：「這人

也變圓滑了呢。」這完全是一件好事。**四十歲以後還盛氣凌人，對任何人來說都是麻煩，最後也只會害自己工作上無法大有斬獲。**

POINT

能力愈強，「看不見的敵人愈多」。應謙沖為懷，凝聚聲望。

04

四十歲要懂得向「反面教材」學習

年輕時雖然有「崇拜的對象」，最近卻老是看見別人的缺點。該上哪尋找工作上的「好榜樣」？

＊好榜樣難尋的時代

常言道「見賢思齊」。我們碰到問題或感到迷惘時，如果有一盞明燈確實會安心不少。例如：「這種時候，如果是以前的上司○○應該會這麼做。」

選擇身邊人物以外的「崇拜對象」爲範本，可以花更短的時間接近理想模樣。譬如說知名樂團 Mr. Children，他們就是因爲在澀谷展演空間「La.mama」聽了 SPITZ 的表演後崇拜不已，最後自己也站上了舞台（雖然例子有點老，但四十歲以上的讀者應該懂我的意思……）。

不過當今時代，爲因應「工作改革政策」和「疫情下的遠端工作型態」，我們需要嶄新的工作方式。因此以往的好榜樣也可能不再具有參考價值。

《職權騷擾防治法》頒布以後，繼續模仿過去上司的指導方式恐構成職權騷擾。閱讀昭和時代知名經營者的自傳，或是他們下屬分享的經歷，常常看到「一整天都被吼來吼去」「動手動腳」之類的情形。現代已經不容許這些事情發生了。

*反面教材乃強力的「警惕」

所以我建議各位找一個「你絕對不想變成那個樣子」的對象作爲「反

面教材」。希望四十歲以後的人能夠更注重這一點。

四十歲以後，公司通常會希望你善盡管理責任。而主管必須承受眾多下屬的眼光，協助他們發揮所長，並補強弱點。這時建議找個反面教材，可以「見不賢而內自省」。

舉例來說，你身邊有沒有「無法當機立斷」「不懂得自己思考」這種優柔寡斷的人，抑或是「看心情說話」「被戳到痛處馬上憤而反擊」「動不動就鬧脾氣」這種情緒不穩定的人，又或者是「不敢擔責任」「過河拆橋」「獨占功勞」這種不負責任的人呢？

看到這種人時，不要光覺得討厭對方。因爲這也是一個警惕自己「不要變成那樣」的好機會。

尋找反面教材還有一個功效。我們和「討厭的人」接觸時，心情通常也會很差。不過只要**將討厭的人視爲負面的「學習對象」，就可以減緩相處時的痛苦了**。

假如「身邊沒有任何足以擔綱反面教材的不良示範」，也可以從多位人物身上蒐集幾個問題，組合成一個想像的反面教材。一個人再怎麼值得尊敬，肯定還是有你覺得「可以更好的地方」。

＊面對好榜樣採攻勢，面對壞榜樣採守勢

話雖如此，有個好榜樣還是很重要的。

應該有讀者會這麼吐槽：「我知道好榜樣重要，但就是因爲身邊沒有優良的模範人物，才會這麼煩惱，不是嗎？」如果是這樣，那就採取相同的方式，從多個人物身上拼湊出一個「集各家大成」的典範就好了。

再不然，你也可以跳脫公司或身邊人物的範圍，選擇客戶或講座上碰到的人，或者是令你頗有共鳴的商業書籍作者。

你甚至可以參考京瓷的稻盛和夫、日本電產的永守重信、軟銀的孫正義這些知名企業經營者，或是歷史上的偉人。

如果將效仿好榜樣看成是四十後人生的「進攻策略」，以壞榜樣爲戒則是「防守策略」。攻守兼備，才能撐起你的商務人生。

POINT

四十歲是「改善缺點」的階段。
「討厭的人」「沒用的人」都會帶給你很大的幫助。

05

遭逢危機時，想成「有人在測試我」

身在組織當中，肯定經常碰到不合理且意外的「調職」或「降職」。在得知消息瞬間的態度，或許會決定你的未來……？

＊對於突如其來的降職不吭一聲

四十五歲左右的D先生，原本擔任某全國大企業主要分公司的土木部門業務部長。某天，上頭的本部長冷不防地「拔掉他業務部長的頭銜」。明明業績也沒有不好，他完全想不到任何導致他突然被降職的可能原因。可是D先生忍氣吞聲，並沒有出言抗議「爲什麼是我……」。據說是因爲他當時想起了過逝父親的一句話：「上班族無論碰到什麼情況，都不能自暴自棄。一旦自甘墮落，人生就完了。」

雖然他在那之後仍兢兢業業，不過內心始終翻騰難平，也數度萌生辭職的衝動。

一年之後，公司又將D先生調回了原本的部長位子。

原來當時公司正在實驗新的管理體制，試圖由總公司內的土木事業部統御所有事業，所以才暫時撤掉各單位業務部長的職位。實驗結束後，公司又恢復了原先的體制，也就是說那並非實質上的降職。

八年後，D先生當上了董事。因爲公司內部有人相當賞識他當時的「定性」。

當年肯定有不少業務部長跑去質問總公司「爲什麼降我的職」，說不定也有人就此擺爛吧。這種情況下，毫無怨懟、安分守己的D先生自然能鶴立雞群。

＊「發飆」而丟掉大好未來的員工

這裡跟各位分享一個對照組，他是某位曾經在菁英之路上暢行無阻的E先生。

E先生的公司會挑選幾位四十後主管作爲未來的儲備幹部，並送他們去研習。而他也是其中之一。這項研習是爲期數年的大型計畫，許多顧問公司和研習公司都會參與。E先生於研習期間始終被視爲最有潛力的候選人。當時我也參加了研習，不得不說他眞的很優秀。

然而邁入最終選拔之際，卻發生了一件「慘案」。

E先生公司上頭某位董事，在最終選拔前私下告訴E先生他已經「確定當選」。然而實際情況卻是翻轉再翻轉，他最後落選了。

得知自己從確定當選到意外中箭落馬，E先生氣急敗壞。上司拚命向他低頭賠罪，最後甚至狼狽地塞了三張一萬圓鈔票——想必是原本他晉升後要加給的錢——到他的西裝裡。之後好一陣子，任誰都看得出E先生憤恨難平。

當然這個上司也有問題，不過他飆罵上司的模樣，還有事過境遷後依然嘔氣的態度，所有人都看在眼裡。此後E先生就與升官無緣了。

＊將遭遇的危機想作「祕密視察」

工作充滿了「意料之外」的事情，當狀況和你原先的預期差愈多，心裡的負能量也會愈龐大。

不過選擇吞忍的D先生，和忍不住爆發的E先生，兩者最後面臨的結局卻天差地別。

四十歲以後，要懂得控管情緒。二十幾歲大發脾氣，人家可能覺得你「還年輕」「精力旺盛」，但四十歲後可沒這麼好說話了。千萬別忘記，當你身陷逆境，甚至是絕境時，一定有人看著你如何應對。有些企業甚至會刻意讓儲備幹部接受這樣的考驗。

我推薦一招心法：**當你陷入危機時，請想像自己正在接受「祕密視察」**。只要想著有人在看，煞車就不會失靈了。

POINT

視不合理為「他人的測試」。萬萬不可意氣用事。

06

與其討好上司，不如尋求下屬認同

四十歲處於「公司人口金字塔的中間位置」，夾在老鳥與菜鳥之間。如果有人要你選一邊站，你會怎麼選？

*上司過個十年就會消失，但下屬呢？

現在這一輩四十幾歲的商務人士，由於年輕時受到的教育，養成了總先看「上司」臉色做事的習慣。比起「客戶的需求」，他們更可能在無意之中優先回應「上司的需求」。

四十歲以後必須盡早改變這種想法。

四十歲以前，你在公司內往來的人也許還是以上司、前輩爲主。不過四十歲以後，上司、前輩和下屬、後輩這兩個群體的人數則是一半一半。雖然很想告訴各位對兩方要一視同仁，不過這裡我要斷言：**「四十歲以後，受下屬喜歡比討好上司還重要」**。

幫你衝業績的人都是下屬或後輩，而不是上司。再怎麼討上司歡心，他們也不會拉拔業績沒有起色的人。而且一旦你捧的上司失勢，你也會連帶遭殃的。

「看上司臉色行事」也許是經年累月所形成的惡習，是一朝一夕改不過來的。不過**社長也好，董事也罷，再過個十年恐怕就看不到他們出現在公司了**。

然而你和下屬與後輩的關係會一直持續到你離開公司，甚至是離開公司以後。哪一邊比較重要，很清楚了吧？

＊不必逢迎諂媚，「適時關心」即可

但你也沒必要對下屬過度獻殷勤，只要「關心」就好。有句名言說：「愛的相反是漠不關心。」這句話對組織來說也是一項眞理。

美國一則針對家暴問題的調查顯示，比起施暴或虐待，「忽視」對於孩子的智能影響更大，同樣道理套在組織上也適用。一旦下屬或後輩察覺「這個人一點也不在乎我」，他對你的情感能量便會瞬間歸零，進而失去工作的動力。讓他們對上司抱持反感都還好一點，因爲這會催生他們的「負能量」，進而轉換爲幹勁。

關心並不是要你評斷「A很能幹」「B有待加強」，而是先試著了解他們的「爲人」。

他們有什麼樣的童年；學生時代怎麼度過的；是爲了做什麼而進這間公司（組織）；工作上和私底下特別注重什麼事情。你要從平時的對話掌握這些資訊。

說到這裡，你有辦法「正確寫出下屬的全名」嗎？那些備受景仰的領導人都能輕鬆做到這件事情。只要好好關心下屬，自然會知道他們的名字怎麼寫。**無法正確寫出下屬和後輩的全名是「不關心的證據」**，還請各位銘記在心。

人對於來自他人的關心是很敏感的。對方一旦感受到你的關心，自然會對你產生信賴與好感。

＊商務人士的下半場比賽全靠「與後輩的關係」

「重視下屬多於上司」還有一個很大的好處，這和你「退休後」的日子有關。

退休後如果繼續受公司聘用，你是「深得下屬信賴的人」，還是「眼裡只有上司的人」，會大大影響自己的工作待遇。這裡說的待遇並非指薪資，而是公司指派給你的工作是否重要或有價值。你想在深受後輩依賴的情況下，開開心心地工作，還是要被當成包袱，冷落在一旁？**退休後再聘的工作環境好壞，取決於你在下屬心中的形象**。

而且受下屬信賴的人，退休後還有機會以「顧問」身分受雇。想擔任顧問，除了某方面特別厲害之外，「和年輕人處得來」也很重要。很多顧問一個禮拜只到公司上班幾天，仍能拿到十幾萬日圓的薪水。也有不少人身兼好幾間公司的顧問，退休後依然勤奮工作。

四十後如果想要再一次挑戰新事業，也可以考慮和年輕人聯手。LifeNet 生命保險的創辦人出口治明就是一個很好的例子，他年過五十才和岩瀨大輔攜手合作。打好與年輕人的關係，你的人生路才會更寬廣。

POINT

你有辦法正確寫出「下屬、後輩」的全名嗎？如果辦不到，從現在開始「關心」他們吧。

◎討論

四十歲「金錢的後悔」②：最具代表性的五個「悔不當初」

四十歲以後動不動就需要用到錢，也因此出現了許多人對自己的「用錢」方式後悔不已的情況。我想跟各位分享至今聽過的一些例子。

「要是當初沒借高利貸該有多好」

孩子的學費和各項必要支出大幅壓縮生活費，很多人忍不住借了高利貸，此後卻飽受龐大的利息壓力折磨。

「要是當初不隨便選擇信用卡分期付款或預借現金該有多好」

很多信用卡公司推出便民的還款方式，人們一不小心就會上鉤。但很多分期付款的利率高，而最痛苦的事情莫過於被債務追著跑。

「要是當初有區分生活資金和儲備資金該有多好」

生活資金就是生活開支所需的錢，而儲備資金則是現在沒有使用必要的錢，是「儲備待有閒時花用的資金」，例如拿來上餐廳、出門旅行。

如果還以二十、三十歲的觀念花用儲備資金，非但存不了錢，還可能入不敷出。大多數人都是事後才發現「存款一點也沒有增加」，而後悔得不得了。

「當初應該多靠自己動腦投資的」

低利率時代，與其把錢全部存在銀行，拿來投資也是合情合理的選項。不過經常有人後悔「自己不該完全照著營業員的話投資」。

投資應該是先確定自己的理念後再實際進行操作。如果目的是「守護資產」，可以選擇報酬率較低但安全的方式。如果想要「一口氣增加財富」，則要承擔風險，果敢積極投資。心裡沒有方向，隨著營業員起舞購買投資商品，結果投資失敗，這恐怕是最令人後悔的下場了。

「要是當初沒相信那些好聽話該有多好」

這恐怕是四十歲以後的「金錢」煩惱之最。

這種情況尤其常見於「投資型公寓」。我聽過不少人一開始做著房東夢，最後收到的租金卻回不了本，或碰到房客、店家中途棄租。

這種失敗的案例，大多都是聽信業務口中的「好聽話」而接受建議置產的人。不動產投資本身沒有不好，但大家應該謹記「事情總沒有想得這麼美」。

我認識一位「金錢專家」Y先生，他曾任大銀行的「MOF擔」（大銀行內專門應對日本政府財政單位的部門，也象徵金融機構中的菁英）很長一段時間。他對於理財的建議十分簡單明瞭。

- 事前仔細思考，失敗也不會後悔
- 除了房貸之外，不要背任何貸款

另外一項建議是「錢的問題不要馬上下決定」。即使你看到一項極其誘人的投資商品，也不要衝動購買。等到隔天早上，腦袋冷靜一點之後再行判斷。不過Ｙ先生也說，如果冷靜思考過還是沒有得到好結果，那也沒辦法。

3 CHAPTER

〔管理篇〕

掌握「正確的交代方式」，自己和團隊才動得起來

01

首先掌握「交辦的大原則」

「自己來比較快」……這應該是不少四十後主管的「眞心話」。但「埋藏在心底的眞正想法」，會不會只是不想失去自我價值呢？

＊不是「無法交給別人」，只是「自己想做」？

「獨自承擔工作，無法交代給下屬」可說是四十歲主管階層最煩惱的事情。而選手兼教練類型的人，出現這個問題的情況恐怕更加嚴重。

仔細想想，爲什麼工作會「沒辦法交代給下屬」？

最常見的答案是「因爲下屬能力不足」。替下屬擦屁股確實累人，但影響更大的因素，難道不是因爲「自己想做」習慣、擅長的工作而已嗎？也就是說，你不是「無法將工作交給下屬」，只是「不想交給下屬」。

我深覺許多四十多歲的主管都有這樣的問題，所以在這邊告訴大家，**「不想將工作交給下屬」的人，可是旁人眼中典型的「缺陷人物」**。甚至可以說大多數主管研習的課程內容，都會將重點擺在如何改變這種習性。

甚至有些上司雖然認爲「自己做品質比較好」，但其實這種做法早就跟不上時代，害所有工作都卡在他們手上，最後反倒拖垮了團隊效率，成了「善意的麻煩人物」。

＊「善前」不善後

「四十歲以後，要學會交辦的方法。」這對四十後來說，是最要緊且唯一的重點，要說「只要做到這點就好」也不爲過。

「交辦」亦有道理可循。只要記住這些原則，就能擺脫「無法將工作交給下屬」的煩惱。

最重要的是，交辦事情時不要丟了就走，必須清楚說明該任務或工作的背景：「目的爲何」；「誰」又要「做什麼」。如果你擔心下屬想不出該怎麼辦，可以準備例子給他們參考。

「下屬做出來的成果和想像中有落差」，是上司的責任。雙方認知的前提不一致，成果自然會出現偏差。如果說「修正下屬東缺西漏的成品」屬於「善後」，那麼共享前提應該可以視爲「善前」。

面對能力比較不夠的下屬，你可以拆解工作內容，指派他們「應該有辦法應付」的分量，並仔細確認進展，適時給予回饋和建議。而且最好「當場」給予回饋，不要等到一段時間過後才「總結」。

老是挑下屬的毛病只會削弱他們的工作動力，所以最好先稱讚他們「小小的成長」。無論稱讚多小的事情都可以，總之請讚賞過後，再指出必須改善的地方。

不過對於與你程度相近，甚至該領域能力**在你之上的下屬，工作「全**

丟給他」才是最好的做法。不必指導細節，儘管扔工作過去，讓他自由發揮就對了。這類型的人也不需要太詳盡的回饋，否則他們只會覺得你是個「一點小事也要插嘴的煩人上司」，偶爾關切他們「做到哪裡了」即可。

不過面對兩種下屬的共通原則，都是「適時過問」。別忘了說些慰勞的話，例如：「上次○○的事情，謝謝你。」還可以再補上一句簡單的評語：「部長稱讚你處理事情淺顯易懂喔。」建議或提醒都留到稱讚之後再說。這就是「交辦方法的鐵則」。只要注意這點，相信下屬的工作表現也會脫胎換骨。

POINT

「自己來比較快」往往只是個人錯覺。
學會將事情「交辦」出去吧。

02

拋棄三十歲之後養成的「名嘴」身分

有人四十歲以前明明一路升遷，一過四十卻突然停滯不前。解析背後原因，方能看出現在該做的事情。

＊「名嘴」個性不改，只會阻礙四十後的成長

我看過許多人「三十幾歲時明明是個優秀的主管，一過四十歲卻碰上瓶頸」。原因是**「三十歲需要的領導能力」和「四十歲需要的領導能力」大不相同**。

如果是健康方面，很多人都能察覺自己「四十後體力大不如前」。不

過若是領導能力，因爲身心上不會有感覺，所以絕大多數人即使陷入撞牆期也難以察覺問題出在哪裡。

關於這件事，我想到了任職某公司的S先生。他是一名能言善道的優秀執行者，也是公司內三十歲員工之中率先當上團隊小組長的人，公司對他寄予厚望。然而他到四十歲後，評價卻一落千丈。

因爲經營階層察覺到「苗頭不對」。

S先生年輕時，經常會帶著現場和下屬的不滿，直接與經營階層的人談判，要上頭「想想辦法」。當時公司還十分讚賞他「勇於反應第一線人員的意見」。然而四十歲後，經營階層漸漸覺得「以他的立場，應該要想想如何解決問題，而不是空口抱怨」「這樣根本和勞資協商沒兩樣」。

簡單來說，問題在於「你工作的重心擺在哪裡」。**年輕時作爲「基層的老大」和上層對抗是可以獲得讚賞，下屬也會願意跟隨。但四十歲後，你也必須爲結果負起一定的責任。**

唇槍舌劍的人，必須小心自己變成一個光說不練的「名嘴」。

＊到頭來，四十歲以前都只是「見習領導」

如果要用一句話總結三十歲和四十歲所需的領導能力差異，我會說是「裁量與責任」。三十歲的領導者，上頭大多還有其他負責人。代表行動上雖然受到很多限制，相對「責任」也沒那麼重。所以美其名爲領導者，實質上仍是輔助眞正負責人的副隊長「見習領導」。

而**四十歲以後的領導者，務必具備成熟的「裁量與負責」能力**。可以大展拳腳的同時，也必須爲一切結果負責。換個方式說，領導者得想盡辦法拿出成果，即使私下先與各方疏通意思也應在所不惜。

三十歲時的重要工作之一，是向上司或負責人彙報現場碰到的問題。不過四十歲以後要懂得綜觀全局，從更寬廣的觀點分析問題發生的原因，並思考解決方案，進行完整配套「提案」，可不能永遠當個「名嘴」。

＊回想當初，我也曾怨嘆：「如果是我當上司……」

這裡我想跟各位分享一件事。前面說四十歲之後身上多了「裁量與責任」，而這一段**「肩負著責任卻也有能力實現理想」的時期，遠比想像中來得短暫**。

二十、三十歲是一段處處受到限制，工作上無法隨心所欲的時期。許多人因此心有不甘，總想著：「如果是我站在上頭，會怎麼樣改變做法」「我想要挑戰這件事情」。

然而一旦獲得自由，卻又如碰到鬼壓床般「害怕得動彈不得」。

我看過許多前輩對此感到後悔，所以呼籲大家盡早擺脫名嘴的習性，放手去做任何想做的事情吧。否則轉瞬之間便將邁入不惑，可能空留無盡的後悔。

POINT

四十歲這十年轉瞬即逝。捨棄「名嘴」的態度，「放手去做任何想做的事情」。

03

四十歲必須懂得「動員年長下屬」

「年長下屬」真的是棘手的問題。但倘若避而不談，根本不可能凝聚團隊向心力。

＊沒有「年長下屬」的公司反而不妙？

如何與「年長下屬」相處，是當今四十歲商務人士的必修課，也是企業管理研習上需求相當大的主題。我前陣子也碰到不少客人諮詢「以前的本部長退休後重新受雇，現在成了下屬，不知道該怎麼與其應對進退」。

不過我想先告訴各位，**會一再煩惱「不知道如何與年長下屬相處」的**

公司，絕大多數都是好公司。

實際上，有些公司完全不會面臨這種問題。這些公司多半會藉由裁掉資深員工，或將他們轉調至集團內其他企業、客戶公司，進而避免公司內出現「年長下屬」。這種做法和繼承了日本舊海軍制度的官僚體系有幾分相像。

然而強行剔除這些仍能有一番作爲的人才，怎麼想都覺得可惜。經營一個組織不應如此不講情面。組織內出現「年長下屬」，代表雇主有意善盡自己的責任。

話雖如此，很多人不知道該怎麼應對年長下屬也是事實。以下跟各位分享可以現學現用的「五點心得」。

①始終保持溫謙態度

即便成了下屬，人家依然是人生的前輩。相處時不能忘了禮節與敬意，態度務必謙沖，而下班後也要忘掉自己的上司身分。

可以的話，最好整個團隊都能做到這一點。

②明確傳達自己的期望與需求

事先說清楚自己的期望和需求很重要，過度顧慮反而很失禮。有些年長下屬可能會畫地自限，覺得自己「跟不上新的技術」「已經沒什麼體力了」。而我們應該要找出每個人的強項，並設法讓他們明白。

例如：「○○先生對於陌生開發有豐富的經驗和高明的手腕，這部分恰好是許多年輕員工傷腦筋的地方，希望這方面能借助您的能力。」

③多選擇「商量」的形式

使用「指示」或「命令」的語氣，容易傷害到年長下屬的自尊。這麼一來可能導致他們陽奉陰違，負面情感擴散至整個團隊，造成職場氣氛緊張。

爲避免這種情況發生，應多多利用「您覺得怎麼樣」的句型，用商量的形式委託工作。例如：「我認爲B先生以往的經驗，能在這次A公司的案子上充分發揮。不知您意下如何？」

④做事方法盡量讓他們「自己決定」

要做什麼事情由我們決定，不過做的方式則可以多尊重他們的想法。你可以這麼說：「我想B先生應該很熟悉怎麼處理，那就交給您了。」

這麼一來對方也會意識到這是他的事情，進而湧出幹勁。

⑤詢問他們「想留下什麼」

有些人即使表面上是個「不工作的大叔」，工作了這麼多年，或多或少都會想在公司留下一些自己走過的足跡。沒有人希望自己離開公司時，還聽到別人在背後說自己「不知道到底來公司幹什麼的」。

所以我們可以藉著正式的約談場合，詢問他們「想留下什麼」。雖然應該沒什麼人可以當場回答，但沒關係。只要協助他們想起「對工作充滿熱忱的自己」，他們自然會開始思考自己該做什麼。

POINT

「年長下屬」是優良公司的證明。
帶著敬意，引導他們發揮出最大的能力。

04

抹煞「身爲選手的自己」

現在幾乎所有中階主管都是所謂的「選手兼教練」。選手、教練身分孰輕孰重的「無盡論戰」，答案究竟是？

＊選手或教練是永遠的「取捨問題」

昭和時代，課長幾乎只需要專心負責管理。但進入平成年間，「選手兼教練」「執行者兼領導者」的情形已經見怪不怪了。如今走入令和時代，搞不好連部長等級的高階主管也得適時跳下來親力親爲。一些中小企業，恐怕連董事也擺脫不了「選手兼教練」的身分。

不用說，許多管理者和領導者都很煩惱如何兼顧選手與教練兩種身分。如果爲了公司整體業績、想要以身作則，或者是爲了維持威信，而將自己的重心擺在選手身分上，那麼教練身分的工作對你來說，便會淪爲「附帶」性質。團隊失去了掌舵者，運作就會逐漸停擺，成員也難以成長。嚴重的話可能導致業績下滑，結果陷入更忙於應付眼前的工作，無暇管理的惡性循環。

反過來說，如果花太多心思在教練的職責上，則可能變成在選手身分的工作上毫無進展，工作水準下滑。以至於業績低迷，部門數字惡化，在下屬面前掛不住面子。

這種魚與熊掌不可兼得的關係，究竟該如何善處？

＊「和下屬比業績的上司」簡直糟糕透頂

我認識的很多前輩都曾爲此煩惱不已，不過令人驚訝的是，幾乎所有人的解決方法都不謀而合。先說結論，他們選擇**「捨去選手的身分」**。

換句話說，他們「比起選手身分的工作，選擇優先處理教練身分的工作」。只是他們需藉由「捨棄」這個強烈的詞彙來徹底轉換心態。

選手兼教練的人最常犯一種錯：「管理時和下屬較勁」。尤其那些本身作爲選手特別優秀的人，更容易不自覺地拿自己和下屬的工作成果比較，於是說出「爲什麼你不能做得像我一樣好」「我都有辦法達到這樣的數字，你怎麼不行」。

這種指導方式只會令下屬心生反抗、喪失幹勁，覺得「你行，不然你來」。到頭來害自己必須設法塡補下屬未達標的數字。

應該要**「忘記自己選手的身分」**，想像下屬正在處理你不曾碰過的事情。如此一來，你自然會開始思考該怎麼鼓勵下屬動起來。這才是激發下屬潛力的關鍵。

＊從對下屬說教，改為「請教下屬」之後……

出井伸之雖爲文科出身，卻在技術人員雲集的索尼集團一路爬上頂點。據說他爲了動員眾多技術人員，除了自己努力學習之外，也相當重視「向年輕人請益」。即使書念得再勤，也比不過一路接觸專業的人。但只要對方察覺你帶著敬意，他們也不會覺得技術不如自己的上司很愚蠢，自然而然願意爲你付出行動。

你也可以有樣學樣，**試著積極「請教」下屬**。仔細聽聽看，或許你會發現自己永遠想不到的好點子。

最要不得的是，你身爲主管還「和下屬比業績」。這麼做鐵定會削弱下屬的動力，害整個團隊瓦解。

能當上主管的人，多半是以前戰果累累的人，也因此難以割捨自己的選手身分。這種人我見過不少，期許各位別步上這些人的後塵。

＊事先鎖定「扮演教練的時間」

不過切換模式並沒有想像中的容易。而且實際上，很多時候你如果不扮演選手的角色，團隊業績也無法達標。

既然如此，我們至少可以試著**「區分扮演選手或教練的時間」**，決定「這段時間善盡選手職責」「另段時間貫徹教練身分」。扮演教練的身分時，絕對不要處理任何選手的工作。

舉個例子，你可以決定「星期一、三、五上午的時間專門用來管理團隊成員」，並且圈起那些時段。無論選手身分的工作再忙，也不能占用到那段時間。

這些安排最好也告知下屬。假如看到上司忙不過來，下屬也很難找上司商量事情。但事先規畫好時間，他們就能放心尋求意見了。

選手兼教練的人最常犯的毛病，就是習慣先全力解決選手身分的工作，多餘的時間才拿來處理教練身分的工作。但這麼做，一旦選手的事情做不完，就不會去碰教練的工作了。可是問題有可能在這段期間持續惡化，當你察覺時已經演變成無法挽回的局面。所以我們**應該固定安排一些時間，專心處理教練身分的工作**。

工作難免有忙不過來的時候，但還是不能允許例外，否則這段專門用來管理的時間就會逐漸瓦解。假如不得不延期或彈性應對，別忘了設定限制條件，例如「一週最多一次」。

如果都已經做到這個地步，你還是很煩惱到底該優先選擇選手或教練的身分，怎麼辦？我建議優先選擇「教練」身分，對你中長程的發展來說肯定較有幫助。

POINT

「選手」和「教練」身分根本不可能兩全其美。

要學會暫時捨棄「選手」身分。

行程表上
刻意安排管理「時間」

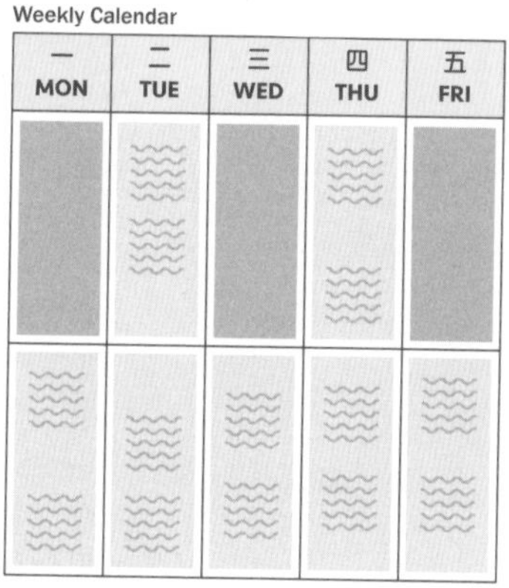

05

「夾心餅乾」其實是求之不得的好機會

中階主管經常被「夾」在公司與下屬之間。你知道選擇「接受現況」或「逃避」的未來會大不相同嗎？

＊不會碰到兩難的人代表「沒有存在意義」？

我還在跑業務的那段年輕歲月，即使拚命達成目標，又會馬上碰到上頭要求「下一期業績再提升五〇%」。我當時相當厭煩，心想「這間公司到底有什麼毛病」。即使和上司爭辯，他也只會說「這代表公司期待各位的表現」。

不過現在回想起來，上司心裡應該也覺得「公司訂這個目標根本是亂來」，也能體會我們團隊成員的不滿。只是他正處於所謂「夾心餅乾」的狀態。

我想許多現年四十歲的朋友正值上下之間的夾心時期，想必也有不少人希望能盡早擺脫這種兩難情況吧。

但這邊我想先告訴各位，**「四十歲這段時期會成爲夾心人很正常」**。不妨仔細想一想，假如上頭的指示有辦法毫無阻礙地傳達給基層，基層的想法或不滿也能順利傳遞給上頭的話，哪還需要你居中協調？這種兩難就是四十歲人的「日常」，同時也是發揮自己存在意義的機會。

*迎合下屬，最後只會遭殃

這麼一想，你應該就能看出夾在中間的自己該做什麼了。那就是**「搭建上司與下屬之間的橋梁」**。

首先，你必須告訴下屬公司爲何訂立這麼高的目標，具體闡述其背景與理由。

雖然上頭應當負責說明原委，但實際上這個環節經常被忽略。倘若上頭沒主動說明，我們只好自己詢問確認。

如果有一些明確的理由當然很好，例如：「有望搭上該領域的順風車」「公司預計販售強力的新產品」。再不然「因爲無法期待別的部門創造利益，只能請你們加把勁了」之類的理由也可以。有總比沒有好。

有時上面可能基於某些原因，無法明確告訴你理由。這種時候你就必須自行推敲，甚至穿鑿附會一個理由出來。千萬不得濫用組織權力，告訴下屬：「上面說什麼就做什麼，不要囉哩囉唆。」

當然，下屬不見得心服口服。但這裡可不能爲了迎合下屬，脫口說出「我也覺得這個目標太胡來了」。

雖然這會讓你們產生一瞬間的革命情感，但若之後目標仍無調整，革命情感遲早會化爲失望。而且他們也會變得愛做不做，心想「上司都覺得不合理的目標，我們怎麼可能達成」。這種時候頂多只能安慰他們：「我了解你們的心情。」

但**在上司面前「極力爭取」是很重要的**。必須盡可能替下屬談到更好的條件，例如：「關於目標我了解了，不過相對的也希望能給我們多少經費運用。」

＊只要看到「曙光」，人就能堅持下去

闡明「背景」和「理由」之後，接著要商討達成目標的「方法」。即便是天大的難題，**只要發現「這種做法好像可以成功」，就是看得見「曙光」，就能一口氣激發出團隊的動力**。「A商品在某些店賣得特別好」「以前就有B分公司大獲成功的案例」，有這種程度的希望就夠了。

除此之外，也可以讓下屬回顧他們以往成功跨越類似困難的經歷，或者是短時間內挺過危機的高度專注經驗。這種暗示自己「好像能做到」的

正面思考也相當有效。

如今站在組織頂點的人，過去也都經歷過「夾心層」。請將這個階段視為「發揮實力，向高層展示自己的機會」，勇敢面對。

POINT

對四十歲的人來說，「左右為難是常態」。發揮協調能力，將危機化為展現自我能力的轉機。

◎討論

四十歲「金錢的後悔」③：為什麼我都存不到錢……

A先生四十來歲，年收將近千萬日圓。妻子雖然被列為受扶養親屬，不過也從事客服工作，賺進一筆未達繳稅門檻的外快。

但不知道為什麼，他們的積蓄卻沒有增加。

於是他的金錢觀念產生巨大的轉變，認為並非「收入－支出＝存款」，而是「收入－存款＝支出」。也就是事先決定要存多少，再利用剩下的錢享受生活。

具體來說，他替自己立了一項「年存三百萬計畫」，預計一年存下三百萬日圓。假設夫妻兩人的淨所得一年約莫八百三十萬日圓，他們就必須靠剩下的五百三十萬日圓維生。

他們事先規畫所有的生活支出，拿捏什麼東西要多少錢，並藉此制定預算，努力將花費壓縮在預算內。

據說A先生這麼做之後，才發現自己以前有多少不必要的消費行為。這些非必要花費存下來，和他領一次獎金的金額差不多。他也笑說「這就是積沙成塔的力量」。

堅持了十年後，他們成功存下了三千萬日圓。

這則故事告訴我們，四十歲之後要懂得「如何和金錢打交道」。四十歲以前就算抱持「收入－支出＝存款」的觀念，還有辦法船到橋頭自然直。但支出劇增的四十後，金錢觀念必須轉換成「收入－存款＝支出」。心念一轉，便能存下出乎意料的大錢。

話雖如此，我想還是有人個性上不適合「節約家用」。那麼選擇開源，經營「副業」也是一種方法。

無論如何，唯一要貫徹的原則都是「不要亂花錢」。

「四十前後大不同」的，不只是工作方面與生活方面的觀念，也包含了金錢觀。

CHAPTER 4

〔私人篇〕

暫時拋開工作，完全投入「個人生活」

01

不要追求工作生活平衡，而是「生活一〇〇%」

「工作與生活的平衡很重要。」這種事情不用說大家也知道。問題是該怎麼實現？原來需要的是一點「決心」。

＊現代四十歲人，根本沒有所謂的工作生活「平衡」？

日本提倡「工作生活平衡」至今已逾十年。雖然改革進度緩慢，不過大家終於漸漸養成「非加班日之外也可以準時下班」的觀念。而且這次的新冠肺炎疫情，某種程度上也加速了這項改革。

二十、三十歲的日本人對於這番工作改革政策接受度相當高，但五十歲以後的人很難改變以往的習慣，甚至也有人根本不打算改變。而最難辦的莫過於夾在中間的四十歲人。很多人「雖然知道工作生活平衡的重要，但一時之間也改不了習慣」。

對於忙碌的四十後來說，實在沒什麼餘力「追求工作和生活之間的平衡」。所以我建議各位**「暫時將所有重心都擺在生活上」**。

＊世上幾乎沒有「少了你就會停擺的工作」

假設你想好好培養自己的「興趣」，就要優先撥出從事興趣的時間。預定安排什麼工作之前，先規畫出興趣專用的時間。

前面提過一位於餐飲企業工作的I先生，他四十歲後曾一度「將所有生活重心擺在登山的興趣上」。有人則是因爲家庭失和，決定「優先安排與妻子相處的時光」。也有人斷然拒絕加班，但利用下班時間上商務補習班、充實自我。

一開始或許比較辛苦，不過大家到最後都成功且漂亮地取得了工作與生活的平衡。

至於我，則是孩子出生之後才開始改變。「工作和打高爾夫球隨時都可以做，但陪伴孩子的時光就只有現在。」內人不經意的一句話，聽起來充滿了說服力，所以我決定暫時將所有心力都傾注於「生活」。

當時我拒絕一切加班，也暫時封印打高爾夫球的興趣，盡可能將時間花在孩子身上，幫他洗澡、餵他喝奶、念故事給他聽、陪他散步等等。

這時我才察覺自己以前做了多少多餘的工作。此後我**只專心處理必要的事情，工作速度因此快了將近一倍，整體效率也提高不少**。

原以爲「少了我就辦不成」的工作，到頭來卻發現也只是自己一廂情願。我就連和客戶開會時，以「陪伴孩子洗澡的時間到了」爲由中途離席，也不曾引發任何問題。

換句話說，我因爲將百分之百的心力投注在「生活」，才達成了「工作生活平衡」。一路走來「眼裡只有工作」的四十歲朋友，**必須試著讓自己完全側重於生活一陣子，否則馬上又會被打回「眼裡只有工作」的原形。**

＊試著寫出「自己理想的生活」

我想每個人對於自己「一生中最想珍惜的事物」和「什麼是舒適的生活型態」想法都不同。但首先我們要描繪出那樣的狀態。

訣竅在於以具體形式將其表現出來。可以手寫，也可以用電腦打字，總之寫下「重心完全擺在生活上」的理想樣貌，並實際將想做的事情排入行程裡。

若舉「每天五點下班回家練吉他」爲例。一開始你也許會認爲「這怎麼可能」，不過實際寫成可見的文字後，就會開始覺得自己或許做得到。

接著實際嘗試看看，先做一個月也沒關係，重要的是實踐。

前面也提過，沒有什麼情況會比「人生只有工作」的人退休後更淒涼。

暫時**將「生活」的比重調到最大，是從公司或組織手上奪回人生主導權的第一步**。

POINT

就當成是被我騙，
嘗試「一個月內將人生重心完全擺在生活上」。

02

家庭內的「細微變化」可別看走眼

四十歲以後，意外有不少人走上「離婚」之路。連那些自認「我們家沒問題」的人，也可能只是問題還在發酵而已……

*為什麼有人會「中年離婚」？

我四十幾歲時，寫了一本《結婚不後悔的五十件事》（結婚を後悔しない五十のリスト）。由於當時身邊莫名有許多人相繼離婚，甚至平均每個人都離婚過一次以上（因爲有些人離婚好幾次）。他們的分享刺激我去思考許多事情，最後我將這些想法集結成冊。

不過人家說日本人平均每三對夫妻之中就有一對會離婚，相信各位讀者身邊也有不少人離過婚。聽說四十到四十九歲夫妻的離婚率，僅次於三十到三十九歲。

離不離婚是每個人的自由沒錯，但我聽過這麼多案例下來，之所以覺得「可惜」，是因爲**大多數人都是因灰塵般的小事不斷累積，最後鬧到了離婚**。但反過來說，只要趁灰塵還是灰塵時將其掃掉，就不至於以離婚收場了。

正所謂「結婚容易離婚難」，離婚會帶來龐大的「負能量」。爲避免四十歲的黃金歲月因離婚而泡湯，我想和各位已婚人士分享幾件「有做有保障」的小事。

＊「沒離婚的人」都有做到這件事!?

離婚理由的第一名是「個性不合」。不少離過婚的人表示，會察覺個性不合並不是因爲發生了什麼大事，多半是因爲家事分工、金錢價值觀、育兒想法、洗澡習慣、毛巾用法、打招呼與回應的態度等小小的言行。當這些微小的不滿與不合累積起來，就會在某天一次爆發。

簡單來說，就是「溝通不良」。結婚十年之後，夫妻間的對話內容一成不變，很容易誤以爲自己不講清楚對方也會明白。然而重大誤解就是從這裡產生的。

第一段婚姻失敗的U先生，就是栽在「灰塵堆積」上。所以他說自己再婚後非常注意家庭生活中稀鬆平常的對話。而他的做法是：**找出「和平常不一樣」的小事，一回家趕緊找妻子聊那件事**。

髮型也好，晾衣服的方法或玄關的鞋子也好，總之回家之後趕緊搜索「和平常不一樣」的事物，並拿來當作話題。這麼一來就不必擔心沒話說，還能自然營造出容易聊其他事情的氣氛。

除了「大家來找碴」的方法之外，溝通時還可留意一些技巧——

1 拋出對方喜歡的話題
2 提出一些單純的問題
3 分享兩人共通的話題

拋出對方喜歡的話題並非只爲了「取悅」對方，而是透過對方喜歡或關注的事物，引導對方欣然打開話匣子。平時請記得多準備一些話題，像是興趣、料理、共同朋友什麼都好。

而單純的問題，好比新聞時事或日常小事，甚至朋友或鄰居的事情都行。只要認眞找，應該不愁沒有問題好問。

最後一項「共同話題」，例如孩子、父母、愛犬、愛貓、家庭活動……理論上也是聊不完的。

不過我認爲最有效的方法，還是「大家來找碴」。平時多關心對方，才能馬上發現對方身上的變化。而「關心對方」本身就是最好的溝通。

POINT

請先試著做到「發現不同，確實表達」。

03

週末時間「六分法」

「眞後悔當初沒有更加妥善運用週末的時間……」這是最多人感到遺憾的事情，堪稱四十歲憾事排行榜的No. 1。

＊五十歲以後「最後悔的事」？

和許多五十歲以後的朋友聊過天，我發現了一件事情。**絕大多數人都很後悔「自己四十歲時沒能有效運用週末的時間」**。

即便是工作上「了無遺憾」的人，也會後悔自己「蹉跎了週末時光」。

恐怕是因爲他們工作時卯足了全力，而這個反作用力害他們週末提不起勁，無力讀自己想看的書或陪伴家人。

我自己四十歲時，曾實踐某位前輩教的「週末時間高效運用術」。後來我分享這個技巧時，獲得了超乎預期的熱烈回響。

我會「將週末分成六個時段」，且聽我娓娓道來。

＊週末時間分成六時段，可運用時間遽增？

首先將兩天假日各自分成「上午」「下午」「晚上」三個時段，這麼一來就出現六個時段了。分好後再於每一個時段填入想做或該做的事情。

例如，第一天上午「讓身體休息」；下午「處理洗衣、打掃、採買日用品等家務」；晚上則「和家人度過」。第二天上午和下午安排「和家人出門」；晚上則「讀自己想讀的書」。大概是這種感覺。

如何？明明總時間沒變，**但透過六個時段的觀點來安排兩天假日，是不是突然覺得能做的事情好像變多了？**

以「6 個時段」來思考週末時間

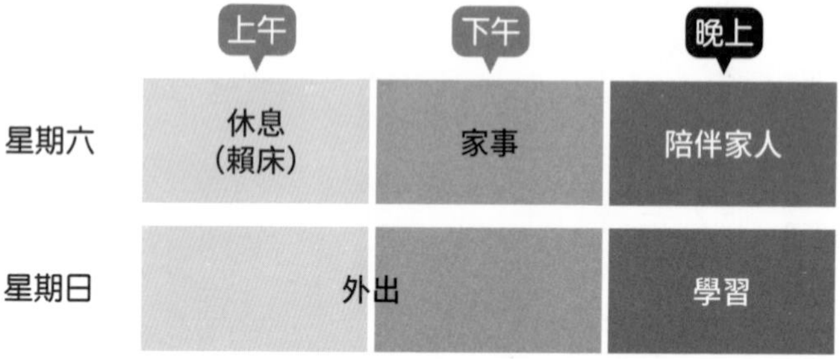

將時間想成「6 個時段」而非「2 天」，
心裡就會覺得假日有時間做更多事！

而且有趣的是，「假日賴床到中午」的行爲只要定義成「讓身體休息」，就不會覺得自己浪費了寶貴的時光。

後悔自己「沒能好好運用週末」，背後的意思其實是「過了一段沒有意義的時間」。反過來說，只要設定好某段時間做什麼事情，任何時間都會變得有意義。

即便你排休不固定，或一週只休一天，依然可以將一天分成三個時段。這麼做同樣效果可期。

＊如果會「Monday Blue」，挪一個時段來工作

剛才說這個方法是某位前輩教我的，但嚴格來說，我的方法和他有些許差異。許多人在週日晚上就會感覺到「Monday Blue」，而我的應對方法是「星期日晚上留一點時間，稍微處理隔週的工作」。

實際嘗試過後，我發現**週日晚上做一點工作，或讀工作相關的書，心情會輕鬆不少**。非常建議容易「Monday Blue」的讀者試試看。

當時我六、日也會工作，但總帶著一股懶散，所以時間拖得很長。因此聽聞這種方法時，我才領悟到「事先決定某個時段只做某件事情」可以避免做事效率低落。週末時間的「六分法」就是從這個概念衍生出來的應用方法。

而週末撇不開工作的人，也要懂得事先決定「哪個時段做什麼事」。接著只要妥善運用剩下的時段，相信你也能度過充實的週末時光。

POINT

週末時間採取「六分法」，事先安排預定，充實感頓時大增。

04

一天至少要和孩子「一起吃一頓飯」

四十歲也是「育兒」的關鍵時期。不過相信很多人很苦惱，因爲工作太忙而沒時間陪孩子。如何做到工作育兒兩全呢？

＊後悔自己「沒好好帶小孩」的夫婦

「追根究柢，是我自己爲了工作而犧牲孩子的。」

我某個朋友 U 先生如此懊悔。

U 先生兩夫婦都是教師，膝下育有三子。不過由於夫妻都忙於工作，孩子大多由祖父代爲照顧。也因爲必須養三個孩子，所以他們認爲自己應該拚命賺錢，以致最小的兒子幾乎可以說是祖父一手帶大的。

那個小兒子非常優秀，一次就考上名門大學，但畢業後卻成了「繭居族」。他始終責怪U先生「只要工作不要他」，U先生也很後悔「以前沒有多關心他一點」。

對家裡有孩子的人來說，這種事情恐怕無法聽聽就算了。特別對雙薪家庭來說，如何撥出與孩子互動的必要時間實在是一大煩惱。

獨立行政法人勞動政策研究暨研習機構的調查結果顯示，日本雙薪家庭的比例在二〇一八年已經占了全國家庭六七・一%。而最需要用到錢的四十歲夫妻之中，也有相當高的比例為雙薪家庭。

這個階段又恰好是孩子進入青春期的時候，他們面對考試，學習獨立自主的時機。這重要的十年，如何抽出時間與孩子相處，將會影響未來的親子關係。

＊與其「假日一次來」，不如「每天做一點」

我想和煩惱的讀者分享那些建立良好親子關係的人「一定會做」的事情，那就是**「每天一定要和孩子一起吃頓飯」**。能夠每天早早結束工作，晚餐回家和家人一起吃當然是最好。但要是沒有辦法做到，也不必傷透腦筋。既然知道自己哪天無法早回家，那天就改和孩子一起吃早餐。重要的是和孩子面對面相處、溝通，時間不多也沒關係。

儘管時間不多，只要每天和孩子接觸，也能察覺到孩子身上的變化與想法。與其假日安排大把時間密集溝通，不如每天花一點時間交流。這是許多人生前輩的育兒智慧。

同樣的方法也適用於夫妻之間。每天留一點時間聊聊天，也是夫妻關係圓滿的祕訣。

＊正因為時間不夠，更要提高時間密度

為了做到這些事情，勢必得努力讓自己早一點下班回家，或是早一點起床。這聽起來不容易做，不過只要意識到「我一定要在這個時間回到家」，你自然而然會把握其他時間趕緊做好事情，最後也會比想像中還要順利地實現理想生活。

職業婦女W女士四十幾歲時，每天早上四點就起床，替兩個孩子做完早餐後才出門。她好一段時間以來都是六點到公司，所以正式上班時間前的三個小時都屬於「不會被任何人打擾的時間」。而她也充分活用了這段時間完成工作。這也是一種**因為時間不夠，所以提高時間運用效率**的優良範例。

每天只需要一、二十分鐘就好，這點時間應該擠一擠就有了。能否擠

出這短暫的時間，甚至足以決定家人間一輩子的關係。

POINT

對於時間不夠的四十後來說，養兒育女的心法為「次數優於時間」。

05

能幹的四十歲人士懂得區分「五種角色」

偶爾會聽到別人說：「退休後不找點興趣做會很痛苦。」但你是否想過，自己對於現在的工作「有無興趣」，也有很大的影響？

＊「眼裡只有工作的人」退休後的日子堪比拷問

現年六十歲以上的日本人，屬於「爲公司奉獻人生的世代」。不僅從早到晚都待在公司，有時甚至連週末也在工作。然而**「以公司爲家」的人，最後只會面對悽愴無比的退休人生**。

前陣子我和以前很照顧我的前輩見了面。他曾擔任某貿易公司的人資部長，今年即將滿七十五歲。那天我問他：「您對現在四十、五十歲的晚輩，有沒有什麼叮嚀？」他當場回答：「工作之餘，記得留點時間做其他事。」他說退休以後如果「無事可做」「毫無安排」，生活簡直是折磨。

很多人一生埋頭打拚，退休後才發現「人生還沒結束」。因此最好在退休前「找到公司以外的歸宿」「退休後也可以從事的興趣」。

然而知易行難。對忙碌的四十歲來說，無論尋找工作之外的第二個容身之處，還是撥時間出來培養興趣，都不是件容易事。

所以我們可以轉個念頭：**「若不建立一個公司之外的容身處，到頭來工作也不會順利」**。

相信四十後的朋友都認同，精神狀態對於工作表現影響甚鉅。精神疲憊，工作效率也會降低，無論花再多時間也拿不出顯著的成果。

我過去和心理學家植木理惠對談時，她告訴我：「欲維持心理健康，一個人需要大約五張人格面具。」所謂的人格面具，是心理學所謂的「自我的外在一面」。該詞源自於希臘古戲劇中演員穿戴的「假面」，解釋成「角色」或許會比較好理解。

換句話說，**你除了「商務人士」之外，還需要扮演更多不同的角色**。

根據某調查表示，特別容易產生心病的職業有「教師」「家庭主婦」「宗教家」。這些職業的共通點，都是「必須徹底扮演好一個角色」。按照植木女士的說法，「家庭主婦也可以切換不同角色。以母親的身分面對孩子；以妻子的身分面對丈夫；出門時則換上一名女人的身分。這麼一來即可維持心理的健康。」

＊你有幾副「面貌」？

不過只有工作和家庭，可湊不齊「五張人格面具」。

增加面具最快的途徑是「興趣」。運動也好，學樂器也罷，總之應該立即創造一個「工作之外的人格面具」。這時最好不要一個人進行，我建議參加社團。例如漫畫《釣魚迷日記》裡的阿濱，雖然是個和升官發財無緣的平凡人，但一談到釣魚便會化身爲「指導社長的釣魚達人」。

我也認識類似的人。A先生是一名技術高超的工程師，就是比較沉默寡言。不過一旦出席卡拉OK的場合，便會戴上「卡拉OK高手」的人格面具。不僅大方展現好歌喉，甚至自告奮勇當司儀炒熱氣氛。社長對此也發了點牢騷：「要是他在工作上能發揮這種個性的十分之一就好了。」不過正因爲有「卡拉OK高手」的人格面具，A才能保持身心健康，也讓身邊的人刮目相看。

你擁有幾張人格面具？只有「公司員工」「丈夫」「父親」是不夠的。「吉他手」「部落客」「假日講師」「狂熱偶像宅」，什麼都好。希望各位都能**找出自己的「五張人格面具」**。

順帶一提，前面提及的那位前人資部長原本興趣是打高爾夫，不過十年前的一場大病，迫使他放棄了「高爾夫球手」這張人格面具。所以我想人格面具還是多備幾副比較妥當。

「打造工作之外的歸宿，對於工作本身也很重要」。願大家都能抱持這樣的心態，即刻開始尋找其他容身之處。

POINT

擁有「公司以外的角色」，不但能獲得強健的心靈，也能帶來精采的退休後人生。

06

不管別人怎麼說，都要「徹底對抗老化」

任何人一過四十，都會感覺到自己「體力衰退」。你會接受自己「敵不過年紀」，還是「想要再年輕一陣子」而拚命抵抗？兩種選擇走向的未來大不相同。

＊「一天兩萬步」，走出年輕體魄的社長

容易累、容易胖、覺得注意力容易渙散……四十歲是一段能強烈感受到「年紀」的時期。

我也無法倖免。不知道是不是因爲代謝率下滑，我四十幾歲時一度胖

了超過十公斤，西裝和襯衫全部得重新買過。而我曾經媲美非洲原住民的眼睛，反而因為視力太好，老花的情形特別嚴重。再加上我晚上會磨牙，所以不得不戴著牙套睡覺。就連髮線也開始後退，只好每天使用自己也不知道有沒有效的生髮劑。

然而我還是用盡一切方法抵抗老化。因為我以往見過的**絕大多數「優秀人才」，看起來都遠比實際年齡年輕**。而且我知道他們為了維持外貌，付出了相對程度的努力。

最具代表性的例子，莫過於自創業以來一路拉拔公司至股票上市的某製造商K社長。我們許久未見，前陣子和他吃了頓午餐，他看起來年輕得令人不敢相信。明明已經七十四歲，外表怎麼看都只有五十幾。

當時我們聊到如何抗老化。K社長告訴我，他四十歲開始，無論工作再忙都會要求自己每天一定要走上兩萬步。他說：「可能是因為這樣，我現在看起來才會這麼年輕。」雖然他五十歲後仍然不敵體力下滑，一天少走了一萬步，但至今仍堅持天天走路。

從這個例子，我們可以知道**「培養走路習慣」是抗老的不二法門**。

兩萬步或許有點極端，不過我一名現在偶爾還會共事的Recruit後輩，也曾拿下馬拉松獎牌的有森裕子女士說過，每天上班路上或平常出門時，改走樓梯取代搭電梯或電扶梯就很有效果了。快走時採用漸進式提高負荷的訓練方法也很不錯，例如最後一百公尺時改用跑的，或加快腳步提高雙腿的負擔。

＊「抗老」意識低落？

不過為什麼「優秀人才」要抵抗老化？理由很簡單，因為**外貌一定會影響到生意**。

你在買東西時，應該也不想跟看起來比實際年齡還要衰老的人交易，而是選擇跟看起來年輕有活力的對象購買吧？歐美的商務菁英對抗老化也不遺餘力，例如有時間就上健身房、定期美白牙齒。因為他們深知外觀與生意的關連。

相較之下，日本人在這方面似乎太過消極。可能因爲從小受到的教育是「內在更重要」。但也不可否認，**內在條件相等的情況下，外貌好的人更容易獲選**。

或許有人會覺得「自己已經來不及了」，但絕對沒有這回事。這數十年以來，日本人其實返老還童了不少。

我祖母六十一歲過世，她的遺照怎麼看都是個「老太太」。但這年頭的女演員，像大竹忍、榊原郁惠和片瀨梨乃看起來依然年輕無比，要稱呼他們爲「婆婆」怕是有些失禮。

但實際上還是有不少「明明才六十歲，看起來卻得叫聲爺爺、奶奶」的人。

四十歲是人生的轉捩點，你要選擇「服老」還是「抗老」？即使人家說「老人就該有老人的樣子」，也千萬不要被影響。

最後我要分享某個人傳授的抗老祕訣。大家都知道注意飲食與養成運動習慣很重要，不過飲食方面，最關鍵的是少油少鹽。雖然有人會爲了減肥而控制醣類攝取，不過醣類是大腦與全身上下的能量來源，所以也不能攝取太少。

POINT

不要在意旁人的閒言閒語，請盡最大的努力保持年輕。

◎討論

活出精采的四十歲①：潛心鑽研挫折，最終成立「研究所」

我想介紹一些活出「精采四十」的人。他們的事蹟對一般人來說或許難以模仿，但還是很富教育意義的。

第一位登場的人物是E先生。

新進公司、分發到業務部的E先生，始終拿不出亮眼的成績。轉調到企畫部後，總算適得其所，順利升官，當上課長。

不過他卻在這裡撞上了一堵意想不到的牆。

E先生相當勤奮，嚴以律己，也嚴以待人。他對下屬不僅要求嚴格，也規定了鉅細靡遺的指示與檢查項目，逼得他們日漸疲乏。公司裡也開始出現揶揄的聲音：「當E課長的下屬，都會壓力大到鬼剃頭」。

後來有下屬受不了，直接向人資投訴他，表示「自己無法跟他共事」。公司也認同下屬提出的理由，E先生最後不得不當著所有下屬的面低頭致歉，也丟了主管身分，轉任專業人員。

這對E先生來說是莫大的打擊。不過他下放閒職之後，利用充裕的時間徹底反省「事情怎麼會走到這個地步」「自己搞錯了什麼」。

他大量閱讀古今中外有關管理、領導、動機等主題的書籍與文獻、論文，回顧自己犯的錯。甚至聯絡該領域的第一把交椅，登門求教。

本來就喜歡學習的E先生，將這件事情昇華成為「研究」。經營階層的人看到他的行動，指示他在公司裡成立一間「研究所」。

於是他集各家大成，開發出一套研習計畫，幫助他人避開自己走過的冤枉路。這項研習計畫原本只供公司內部的人參加，但他前所未有的觀點備受好評，所以後來也開始對外販售計畫。

不過Ｅ先生後續的行動更叫人吃驚。他和公司簽下計畫的使用授權合約，自己則離開了公司。

據說他一年收取的權利金相當可觀，約有五千萬至一億日圓。Ｅ先生離職後成立法人，打算以權利金的固定收入為基礎，提供各級主管一個專門諮詢煩惱的窗口。

題外話，Ｅ先生是一個音響「狂人」。他建了一棟住家兼辦公室，家裡有間有如三得利音樂廳縮小版的音響室。他在諮詢時都會播放音樂，音質好到客人都以為自己在聽現場演奏。

我想正因為有這些堅持，才成就了Ｅ先生「出類拔萃」的人生。

CHAPTER 5

〔時間管理篇〕

工作效率好的人都會「這麼做」

01

邁入四十歲，先決定未來「不做的事情」

常聽說「日本人的工作生產力低落」。其實日本人的某項習慣，竟是拉低生產效率的一大肇因？

＊「TO DO LIST」是萬惡的根源!?

某調查顯示，日本的工作生產力比義大利還低。義大利人重視私人時間，夏天還有一整個月假期，但工作生產力還是比日本人來得高。這個事實令許多人震驚不已。

爲什麼日本人的工作效率會這麼差？我認爲根本問題，無疑出自昭和年代以來視長時間工作爲美德的風俗。不過日本人習慣的「工作管理」方式，也確實拉低了我們的工作效率。

各位讀者年輕時應該也學過一種工作管理的方式：「寫下今天所有要做的事，編列優先順序，做成待辦清單（TO DO LIST）」。我想也有不少人或多或少採用了這種方法直到今天。

我不會說這種方法不好，只不過**待辦清單有一個重大缺點：「要做的事情可能會無限累積」**。

其實這也不難想像，畢竟工作上「要做的事情」沒完沒了。如果所有事情都列入待辦清單，工作怎麼可能有結束的時候。

四十歲以後應該要學會列出「不做也沒關係的事情清單」，也就是**「NOT TO DO LIST」**。決定好什麼事情不做，只處理眞正該做的事情。這也是這本書的主旨。

這項主題在我舉辦的諸多研習之中也非常受歡迎。大家嘗試過後，**才驚覺自己做了多少「不做也罷」的事情**。很多人以往處理的工作、業務，有一半以上都非屬必要。甚至還有人發現自己一直以來拚命做了一堆「不做更有效率」的事情。

這種回饋有那麼多其實挺悲哀的，因爲這完全印證了日本企業工作生產力有多低落。

＊如何編排「不做也沒關係」的清單？

接著讓我們看看「NOT TO DO LIST」，該如何具體編列。

第一步，重新檢視自己的工作流程。寫下自己做的所有事項，接著逐步挑出「或許沒必要做」的事情。

列出自己的業務項目時有個小技巧，可以分成「個人事項」與「組織事項」兩種類別。個人事項的意思是「自己處理的事情」；組織事項則是「和他人協作的事情」。

其中要先刪減的是「個人事項」。因爲這方面的事情只要自己多留意就能改變，不僅可以馬上實踐，而且立即見效。

例如：「之後重看一次信件」（馬上回覆就可以解決）、「整理紙本資料」（存在電腦裡就可以解決）、「替資料過度『化妝』」。

＊資料和會議都會孳生「不做也沒關係的事」

不過不做也沒關係的事，往往以「組織事項」居多。

尤其牽扯到「資料」，更容易出現不必要的瑣事。例如用不到的文件歸檔、沒人會看的會議紀錄、沒人要讀的業務報告……我建議向相關部門和上司確認一聲，如果這些東西「沒有也沒關係」，就可以淘汰掉。

此外，有許多企業習慣在會議前印出議程，放在與會者的座位上。不過一旦眼前有東西可以翻，人就會下意識去看，結果反而不去聽發言者說話。廢除事前發放議程的習慣是一石二鳥的做法，既可以省下麻煩，還可以提高與會者的注意力。

另外一項產生麻煩的溫床則是「會議」本身。世上多的是沒必要開的會議，**「純粹聽人報告」和「大多人都不發言」的會議，基本上都是在浪費時間**。

想要廢除會議，必須事先和相關人員協調。不過許多人早就受不了沒意義的會議，所以過程大都出奇地順利。只是這個做法有可能刺激「工作只剩開會的大叔」，他們有可能會組成反對勢力，務必小心行事。

原以爲新冠肺炎疫情會減少會議次數，殊不知有些人只是換成遠端會議的形式，持續做這件徒勞的事情，實在有些病入膏肓。

＊若一時戒不了，可以試著「縮減」「改變」

列出所有要處理的工作後，替每一項打分數，再從分數低的項目開始一一檢討是否可以剔除。

如果「戒不掉」，可以考慮採取「縮減」或「改變」的方式，這麼一來選擇也會更多。**即使無法完全消滅沒意義的會議，或許也有機會「從一個禮拜一次縮減成一個月一次」「改用寄送資料取代」「改用社群媒體建立社團，共享公司內資訊」**。

又或者可以「賦予會議足夠的意義」，例如：「為提升效率，遠端會議時間以三十分鐘為單位」「討論點子的會議前先互通彼此的準備資料，且會議時間以三十分鐘為限」「『做決定的會議』僅讓決策者參與」。

這麼一來，原先耗費在雜務上的勞力就可以轉而運用於眞正重要的工作。這才是四十歲以後的時間管理原則。

POINT

四十歲時間管理的起點，是先列出「不做也沒關係的事情」。

精簡業務內容的「提問」

問自己下述問題，
就可看出「哪些工作可以更精簡」。

Q　有必要開這場會議？

能不能不開？可否減少次數？
是否能減少與會者人數？能否透過發送資料來代替開會？

Q　這份資料或報告的必要性？

可省略？是否能用郵件或其他方式加以處理？
能不能減少次數？真的需要列印出來嗎？
有歸檔保存的必要性嗎？

Q　這些事情能不能線上處理？

像開會、報告、出差、談生意、通知、結帳。

Q　真的需要這個人在場嗎？

對方是在會議上都不發言的人？
只列席的人？

Q　這項工作是我們部門應該做的嗎？

Q　這件事情是我們公司應該做的嗎？

02

把「十分鐘的時間」發揮到最大限度

工作空檔、預約時間前的等待時光、移動的時間……這些「瑣碎時間」出奇的多。能幹的人會發揮瑣碎時間的最大效益，縮短自己的工作時間。

＊「多出來的十分鐘」最適合發揮創意

據說人專心的時間最多不超過十五到二十分鐘。像我學生時代，也覺得一堂課五十分鐘長得要命，通常二十分鐘之後就開始分心了。

開始工作後，我發現經常會碰到十、十五分鐘的零碎時間。而這「十

分鐘」對於百忙之中還得拿出最佳工作表現的四十後來說，可是大幅提升產能的魔法時間。就我看過這麼多人的印象，那些無論再忙碌也能一派輕鬆拿出好表現的人，都很懂得利用這種瑣碎的時間。

提到瑣碎時間能處理的工作，總會先想到單純的事務處理或回覆信件這類非核心業務。這種選擇是不壞，但難得有一段「高度集中力的魔法時間」，我更建議拿來處理核心業務。

許多人會利用這段時間進行**「十分鐘的提案」**。好點子不是你長時間窩在桌子前就會冒出來的東西，不過平時可以多儲存一些想法在腦袋，靜待它們「熟成」。最後再安排一小段收成的時間，思緒便能條理化，產生好點子。創作者或作家稱這種情況爲「神來一筆」。而迎接這些突發奇想最好的時間，就是這短短「十分鐘」。

愈忙的人，代表手上同時進行的案子愈多。不過那些人稱一流的創作者，大多並非「A公司的事情做完，才做B公司的事」「前面兩個做完後，再做C公司的事」。而是同時處理A、B、C三間公司的案子，且讓每個案子慢慢熟成，不會急著下結論。他們也會趁著工作時多出來的「十分鐘」，一口氣凝聚所有已經熟成的想法，化為具體的點子。

*其他效果可期的「十分鐘工作」

我也推薦另一種類似的方法：**「十分鐘的個人腦力激盪」**。主題可以是提新企畫、提案、改善業務內容，什麼都好。接著在十分鐘內，將所有想到的事情統統記錄在電腦、白板或大張白紙上。無論寫得再起勁，一過十分鐘都必須打住。之後回顧時，有可能會發現之前沒想到的創意。

如果是從事業務和行銷的人，我推薦**「十分鐘的顧客分析」**。只要有心，要花多少時間進行顧客分析或市場分析都可以。但我們有時可能從頭到尾只顧著蒐集資訊，反倒忘了「分析目的」。

因此我們可以刻意壓縮時間。例如決定此十分鐘工作的主旨為「明天要從哪個角度切入，較能引起客戶的興趣」，並在十分鐘內集中精神分析資訊，建立假說。

十分鐘後，即便覺得分析得不夠透澈也要停手。很多人或許會爲此感到不安，但大多情況下，做到這種程度已經綽綽有餘。而且就算繼續分析三十分鐘、一個小時，恐怕也很難找到更好的資訊或更適當的切入點。

另外一個推薦的行爲是每天開始工作前進行**「十分鐘準備」**。花十分鐘掌握今天要做什麼，自己需要什麼、應該注意什麼。這麼做有助於我們安排工作計畫，不過更大的好處是可以「啓動工作引擎」。以前在學校不是七早八早就有英語單字或國字小考嗎？兩者是類似的事情。

替這些「十分鐘能做的事情」建立一張清單，並且時時帶在身上。這麼一來**等待客戶和搭計程車的時間，就會變成相當重要的工作時間**。你也可以在各項工作告一段落時，固定安排十分鐘的空檔時間。

對於時間寶貴的四十歲來說，「十分鐘的價值不只有十分鐘」。請務必有效運用這段時間。

POINT

常備短時間內可以搞定的「核心」工作，並善加利用瑣碎的「十分鐘」處理。

03

記錄自己的工作，並加以改善

政府要求「減少加班」，四十歲中階主管一肩扛下所有影響。爲了讓下屬早點回家，只好自己留下來加班。突破困境的「祕策」是？

＊突如其來的「加班禁令」，所有工作都落到主管身上！

於ＩＴ企業工作的Ｄ先生，四十以後當上了主管，但也面臨ＩＴ業界「工作方式改革」的浪潮。雖然對這一行來說，加班到深夜或假日工作是家常便飯，但現在還這樣做恐會遭批「黑心企業」，因此工作方式必須有所變革。

D 先生的公司也不例外。大家早對長時間加班習以爲常，現在突然大幅縮限加班時間，鬧得第一線人員雞飛狗跳。可想而知，工作做不完，所有事情全落到身爲主管的 D 先生一個人頭上。這樣的狀況持續了好一段時間。

而當時 D 先生私下進行的「飲食日記」，爲他帶來了解決這項麻煩的啓示。這是岡田斗司夫先生所提出的減肥方法，出自他記述親身經歷的著作《別爲多出來的體重抓狂——絕不復胖！筆記瘦身法》。他主張只要記錄每天吃進肚子裡的食物和卡路里，就可以檢視自己的飲食生活，創造改變的契機。這項概念提出當時風靡整個社會，有些讀者可能還有印象。

嘗試過後覺得成效不錯的 D 先生，認爲這種方法或許也能應用於工作上。而且他以前讀過彼得．杜拉克的作品，其中「記錄時間」的概念也推了 D 先生一把。

＊「記錄」就能提升工作速度!?

他首先**算出自己一週五天可運用的工作時間**。即使表訂一天八小時，扣除例會和其他事務，實際工作時間也不見得滿八小時。D先生將這點列入考量，掌握五個工作天下來可以自由運用的時間，並下定決心在這段時間內完成所有工作。

他也仔細測量了自己的工作時間，例如「製作報告要〇〇分鐘」「檢查下屬的檔案要〇〇分鐘」。他先將預估的工作時間寫在記事本裡，接著記錄實際作業時花費的時間，甚至還用上手機的計時器功能，相當講究。反覆測量的結果，預估時間和實際工作時間的誤差逐漸弭平。

重點來了。他持續進行「預估與記錄」好一陣子後，一開始預估九十分鐘才能做完的工作，變成八十分鐘就能完成。後來甚至慢慢縮短成只需要七十、六十分鐘。不僅速度加快，連品質也顯著提升。**因爲他也開始習**

慣在預估時間時，去思考「如何更快完成」，因而想出許多縮短時間的技巧。例如「善用現成模板，不必從零開始製作提案書與企畫書」「僅是稍微確認意思的話打電話就好，不必寫信」。

而且他還發現自己一大清早或晚上回顧工作紀錄時，創意特別活絡，所以這兩個時段他都優先拿來發想創意。

這些細心的調整，幫助他實現起初還覺得是癡人說夢的「一週五天幾乎零加班」。

＊平行共享資訊，全公司成功「縮短工時」

D 先生甚至將這個技巧分享給所有團隊成員，團隊整體效率與業績大幅提升。社長聽聞此事，也支持他將這個方法推廣到整間公司，大大改善全體工作效率。此後公司在三年內利益倍增，股價跟著翻漲，而 D 先生的年收也連跳好幾成。

這間公司我也相當熟悉，他們以前一大堆員工的加班時數都上看兩百個小時，是典型長時間工作的公司。然而他們竟然有辦法在短短幾年內改頭換面，至今我仍覺得不可思議。

「記錄」自己的工作，就能掌握時間的主導權。大家務必嘗試看看。

POINT

試著「記錄」自己的工作時間，就可以替自己花費的時間減肥。

04

自在操控「時間小偷」

「現在方便嗎？」下屬找你商量事情，一天不知不覺就過了……怎麼樣才能掌握自己時間的「主導權」？

*四十後總渴望擁有「不受打擾的時間」

中階主管或沒有下屬的四十後都屬於「中堅」分子，立場上必須關照身邊的人。即便提升了自己的工作效率，很多時候也可能因爲下屬突然一句：「現在方便嗎？」或上司的一句「幫我處理這個」，你的一天就全耗在別人的事情上了。

話雖如此，下屬難得來尋求幫助，也不好以「我現在很忙」爲由拒絕。而且要是成天擺出一副「不要來找我說話」的樣子，別人也會質疑你的管理能力。

最簡單的解決方法是「找個地方躲起來」。很多人會在公司的勤務排程表上寫下客戶公司的名稱，但其實偷跑到咖啡廳或圖書館去做事。有些人則會戴上耳機，假裝自己在開視訊會議，其實也是在處理自己的工作。

然而這些都只是治標不治本的應急措施。

重要的是**「掌握時間的主導權」，不要讓「時間小偷」偷走自己的時間**。這算是四十後的時間管理基礎能力。

＊專心做事時，下屬來尋求商量怎麼辦？

如果下屬找你商量事情怎麼辦？F先生是某製造商內部研究所的優秀主管，他的應對方式如下。

如果他在專心工作時，碰到其他人突然來打擾，他會告訴對方：**「只有五分鐘的話ＯＫ，但如果想要仔細商量，我四點半以後會撥時間出來討論」**。

這種回應方式有兩個效果，第一是提出「五分鐘」的條件，避免討論時間拖太久。對方也會想辦法在時限內說重點，進而提高效率。其次是表現自己「幾點過後願意陪對方細細討論」，可滿足對方徵詢意見的需求。

而且Ｆ先生在聽下屬說話時，會仔細觀察對方的心理狀態，看看他「只是想說說」「希望得到評斷」「想聽到答案」，還是「根本還沒整理好想法」。

如果下屬只是想說出來，那就好好聽他說。如果對方希望獲得評斷，他會要求對方「拿提案過來」。對於單純渴求答案的人和還沒整理好想法的人，他就會先聽對方說到一定程度後，提議「改天再繼續討論」。

貫徹這些原則，下屬以後也會知道「如果要提案，至少要先整理好自己的想法」。

＊「超前部署」避免被上司叫走

另外一種時間小偷則是「上司」。眞的有要緊事就算了，如果只是因爲心血來潮而把你叫過去，或是找你打發時間，那眞的是一大麻煩。

所以重要的是「先上司一步」處理好事情。**如果想到「他差不多來跟我要報告了」，就在上司開口之前自己向他報告**。如果想到「他可能會來找我討論這件事」，同樣自己先告訴對方答案。這麼一來就可以避免上司突然把你叫過去的事態發生。

另一項重要的事情，是想辦法減少「呈遞給上司或總部的報告書」「單據」等文件。雖然新冠肺炎疫情下，需要用到這些文件的情況已經銳減，但至今依然有企業堅持層層上報的傳統做法，要求所有報告皆需要印成紙本，蓋上印章後才能向上呈報。我認爲這正是企業生產效率低落的元兇。

疫情帶來的衝擊，恰好是改變這種陋習的好機會。呼籲各位以積極的心態進行改革，例如：「也許捨棄這份文件，工作效率會提高」「務必趁這次機會，徹底改革工作方式」。

POINT

調整面對上司與下屬的溝通方式，「專心工作的時間」要多少有多少。

05

無論如何都必須嚴守「時間表」

工作不見得會照著原定計畫順利結束。當計畫脫軌時該怎麼辦？此處正是你能否成為時間管理達人的分水嶺。

＊時間到了卻還沒做完……這時該怎麼辦？

Q：原定今天五點完成的工作來不及做完，看起來應該還需要兩個小時。這時你會怎麼做？

A1：只需要兩個小時，乾脆繼續把它做完。畢竟注意力渙散之後，要重新集中起來也很費時。

A2：依然照常在五點結束這份工作，就算只做到一半也無所謂。

好。那麼你會怎麼做？

答案一的「一次做到底比較有效率」，乍看之下還滿有道理的。

然而大多數「職場菁英」都表示自己會選擇答案二。**表定時間到了就停手，無論是否做完，都要開始處理下一件事情**。剩下的工作則重新分配到隔天的排程。

這麼做是因爲「能幹的人本來就很忙」，通常工作進度都排得密不透風。任一項工作拖延，都會像連環車禍一樣影響到其他工作。

但更重要的理由是，**他們清楚「超過原定時間後，拖著做下去也不會有好成果」**。一旦鬆懈下來，認爲「做不完再延長時間就好」，注意力便很容易下滑，而他們擔心這麼一來將影響工作品質。

＊刻意「做到一半」先打住

前面介紹過利用「記錄」的時間管理法。不過沒有人一開始就能精準預估工作需要的時間。某調查顯示，一般人實際的工作時間往往是預估的一．五倍。

但重要的是即便如此，也不能破壞原先設定的排程。

各位若回想學生時代的「課表」便很好理解此點。第一堂課「國語」；第二堂課「數學」；第三堂課「英語」；第四堂課「體育」。課表都是事先排定，而且時間一到，那堂課就得結束。

我們可以用同樣的方式排定一天的工作時間，每節時間一到就果斷結束。貫徹這項原則，正是讓「縮短工時」「產生成果」兩全的祕訣。

但有一點和學校不一樣，我們可以自由編組課表。例如星期五可以多留幾節空白時段，拿來處理沒做完的工作。

某企業的優異主管G先生就完全實踐了這樣的時間管理方式。他曾斷言管理者的工作，就像拼拼圖一樣不停地拼組每一段時間。

G先生的時間管理術還有一個別出心裁的地方：一節時間過完時，他會「故意斷在不上不下的地方」。

以製作報告用的簡報爲例。如果時間到了還沒做完，大多人會選擇「至少先做完這一張投影片再休息」。然而G先生不是，即使文字打到一半，或線才拉到一半，他也會立刻停止手上動作。

這麼做心裡確實不太舒服，不過他是刻意**停在不上不下的地方，利用那股「不適感」，讓自己下一節的時間開始時立刻上緊發條**。

除此之外，他也認爲「好點子與創意並非靠時間，而是靠次數誕生」。所以他同樣將構思想法的時間故意分成好幾小段。各位讀者安排工作時請務必採取「時間表」的方式，且確實按表操課。

POINT

時間一到，即使工作還沒做完也要乾脆收手。
拖著做下去並不會有好結果。

06

週三上午只處理「重要但不緊急的工作」

「重要且緊急的工作」理當優先處理。那接著呢？你的答案，將大大影響你「善用時間的能力」。

＊「那張四象限圖」評價不好的原因是？

倘若以一句話總結前述時間的管理方法，我會說**「能幹的四十歲，堅持只做『重要的工作』」**。這是在最短時間內拿出最大成果的訣竅。

不過一般人在決定工作的優先順序時，經常採用「重要程度高低」與「緊急程度高低」交叉而成的十字象限。相信各位也都看過那個圖。這個

「重要程度與緊急程度的象限表」

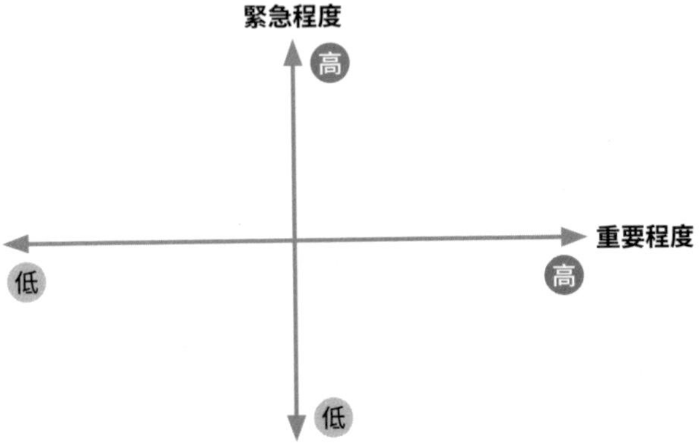

方法雖然古典，但至今依然相當實用。

不過許多人對這張象限圖的評價卻糟到不行，理由不外乎「自己試過卻完全沒效果」「要求團隊成員採用，業績卻不見成長」。我舉辦的研習上也經常聽到這些聲音。

但問題不在象限圖本身，而是我們的用法。

很多人在各個象限填上事項後，會先從右上角「重要程度高」「緊急程度高」的事情開始處理。不過這麼要緊的工作，我們就算不用十字象限分析也知道。這張象限圖最大的意義，在於幫助自己找出右下角**「重要程度高」但「緊急程度低」的工作，並且及早處理**。

無奈很多人總是處理完「重要且緊急」的工作後，緊接著處理「不重要但緊急」的工作，然後就心滿意足了。

＊處理核心業務的時間，絕對不做其他工作

以業務部門來說，「重要但不緊急」的工作，最典型的莫過於「開發新客戶」「喚醒休眠客戶」。倘若小看這些工作，萬一現有客戶的業績直直落，追不上補充新客戶的速度，業績恐怕永遠不會有起色，害自己永遠都必須追趕眼前的業績目標。

這等於是帶給後續的工作一記重拳。

重要但不緊急的工作範例

業務部門：開發新客戶、喚醒休眠客戶、改善業務流程

技術部門：學習新技術、推展基礎研究

管理部門：業務系統化、培養員工同時處理多項工作的能力

如果**你總被工作追著跑，很有可能是因爲你都沒有處理「重要但不緊急」的工作**。

「能幹的人」都很重視「重要但不緊急」的工作。**他們會將核心業務列爲平時工作的例行公事**。

好比說週三上午專門處理這些工作，絕對不碰其他業務。以業務部門爲例，可以事先決定好「週三上午專心開發新客戶」，封鎖其他工作。

無論突然出現多緊急的工作或客訴，全部留到之後再說。一旦有一次例外，就會徹底失去這段時間。覺得辦不到的人，也可以自訂限制規則，例如「一年最多只能出現三次例外」。

當然這段時間不是非得安排在週三上午，只要是最不容易被打擾，做事效率特別高的時間都可以。只是根據以往經驗，很多人都會將核心業務安排在一週的中心位置「週三上午」。

POINT

「重要但不緊急」的工作應該立即著手。請優先將這些工作安排為例行公事。

07

編列「有空時想做的事情清單」，挺過心理危機

提高工作效率、增加時間使用密度，這些都是四十歲的時間管理基礎。然而日復一日下來，也會累積疲勞。這時有一項支撐心靈的「錦囊妙計」。

＊解救某位經營者的「魔法卡」

前面提過，四十歲以後應該排除沒必要處理的工作，將心力投注在真正重要的工作上。但一味追求效率，總會心浮氣躁。而且事情並不會因此減少，有時不免感到疲乏。

H先生在他尚未成爲經營者的四十幾歲時，每天都過著這種生活。高難度專案接踵而至，前所未有的忙碌程度，令他險些撐不下去。

這時，他腦中突然閃過一個問題：「等事情忙到一個段落，我想做什麼？」接著他下意識**拿出抽屜裡名片大小的卡片，寫下「有空想做的事情」**。他說當時應該是傍晚，因爲他清楚記得那時夕陽映入眼簾。

結果怎麼樣？在偶爾可以喘口氣時，拿出這張卡片看一看，成了H工作的最大樂趣。

卡片上寫的都是一些小事，諸如「和家人一起去明治村旅行」「回老家一趟」「讀整套《棒球大聯盟》的漫畫」「去甲子園看阪神虎的比賽」「重讀一次小說《坂上之雲》」。

儘管如此，**寫下這些心願、拿來翻看的瞬間，都讓他暫時跳脫了現實，產生雀躍的心情**。

＊寫下「希望」並不定時看一眼，再渺小也沒關係

之後每當工作壓得他喘不過氣或疲勞湧現時，他都會像吃藥一樣，拿出卡片寫下想做的事。H先生成爲公司經營者後回想：「重點不在於卡片上的願望能不能實現。而是寫卡片本身就可以消除煩悶的心情，帶來希望。」

H先生或許沒有察覺，不過這種方法正符合所謂的「希望法則」，也就是「無論看到多小的希望，都可以激發人的動力」。而且還可以平衡「該做的事」和「想做的事」，維持心理健康，簡直是一箭雙雕的好方法。

不一定要寫在卡片上，也可以記錄在筆記本、手機備忘錄、電腦文件上，請各位馬上試著寫下「有空想做的事」。十分鐘左右的「瑣碎時間」拿來寫這些事情也不錯。

相信這會成爲你繁忙工作中的心靈支柱。

＊「第三時間」可以活化心靈與頭腦

爲自己留些「第三時間」也有同樣的效果。

「第三時間」是一段不屬於工作，亦不屬於家人的時間。也有人稱這段時間爲「空白時間」。**第三時間要拋開工作，拿來從事「想做的事」或隨意幻想**。

美國企業很鼓勵員工留給自己這種時間，其中以3M的「十五%法則」和Google的「二〇%自由時間」最爲知名。他們在工作時間中撥出一定比例的空白時間，而便利貼、Gmail等各種服務據說就誕生於這段時間。

這段時間不僅可以滋潤心靈，同時也有助於我們發揮創意。

方法有很多種，好比「早點出門，搶在任何人上班之前到辦公室」「回家前先到咖啡廳坐一個小時」。如果你是每天只在家裡和公司兩處移動的人，務必嘗試這種方法。

POINT

寫下「有空想做的事」並帶在身上。
這會成為支撐你走下去的力量。

◎討論

活出精采的四十歲②：貫徹「喜歡」的事，直至創業

露營車製造商的經營者F先生，他的人生完全體現了「喜歡的事情自然做得好」的道理。

他大學打工時愛上寫劇本的工作，決心休學，朝著編劇之路前進。不料師父驟逝，他也難以繼續待在業界。

而他下一份工作，竟然選了遊戲設計師。據說是因為他認為這份工作和編劇很相似，同樣著重於建構世界、角色、故事等創作。

F先生的公司搭上遊戲界快速發展的浪潮，推出許多暢銷作品。而他自己的年收也超過三千萬日圓，可說一帆風順。

然而當時不容易找到員工，F先生得將愈來愈多的時間花在糾錯自己製作的遊戲上。

「這樣下去真的好嗎？」這個疑問始終盤據心頭，最後他決定離開遊戲業。

當時正準備邁入四十歲的F先生，抱著破釜沉舟的心情做出某項抉擇。

他果斷決定不再找下一份工作，然後憑一己之力翻修自己住的公寓。F先生手巧得出奇，木工、裝潢、水電方面的技術都有專家水準。

話雖如此，他當時是個「無業遊民」。而那四年來，一家四口都是靠著他以前存下來的老本在生活。

當他正式踏入四字頭的人生後，便投身全新的領域。他說自己「想來想去還是喜歡動手做東西」，於是做起了車體改裝的生意，將一般車子改造成露營車。

他的信條是「以輕鬆入手的價格，買到理想的露營車」。憑藉著自己一雙無所不能的巧手，製作所有改裝所需的零件，因此得以大幅壓低成本。

當時恰逢三一一大地震，露營車的需求大增。這份生意便趁勢上了軌道，並一路經營至今。

不是所有人都有辦法像他一樣，單純因為「喜歡」而付諸行動。不過F先生貫徹興趣的故事也推了我們一把，讓我們知道「就算年過四十，還是可以挑戰自己喜歡的事情」。

6 CHAPTER

〔人脈篇〕

40 歲後，「往來對象」會決定人生成敗

01

想像自己回到二十歲，再度「拓展新人脈」

活到四十歲，應該多少累積了一些人脈。但如果問我這樣是否足夠，我的答案是「NO」。拓展新人脈永遠「不嫌晚」。

*過濾三十歲的人脈，進入四十歲後重新擴張

我在過去的著作《三十而立又無悔：五十件該做的事》（30代を後悔しない五十のリスト：1万人の失敗談からわかった人生の法則）中，呼籲各位「三十歲以後要慎選往來的人物」。

因為這個年齡的人很容易受到他人的影響，無論好壞。而這段時期受

到的影響，甚至決定了往後的職涯。俗話說「近朱者赤」「孟母三遷」，我們應盡量避免和那些會造成不良影響的人相處，和更多帶來「正能量」的人交流。

二十歲應拋開好惡，廣闊交友，拓展人脈。然而三十歲後則是緩下腳步，篩選人脈的時期。

那麼走過二十、三十，邁入四十歲後又該如何看待人脈？先從結論說起，**四十後應重新意識到「人脈要靠自己開拓」，積極拓展人脈**。

工作這麼多年，到了這個歲數，想必自然而然也累積了一定的人脈。花時間經營的人脈牢靠無比，有什麼事情，一通電話或一封郵件，對方就願意兩肋插刀。

但不可否認的是，安於當前的人脈並無法突破現狀。而且老是跟同一群朋友相處，也有縮限眼界的風險。

＊「四十以後的人脈」會改變你的世界！

有人稱我爲「人脈達人」。確實我至今會面過的各路人物超過三萬名，並且與其中一萬人深入交談過。在我碰到危機時，各行各業都有人願意伸出援手或提供情報。

我自認運氣好，當初進入 Recruit 時分發到了掌管公司命運、人才濟濟的事業部門。當時的同事後來都在各界大展鴻圖，也成了我寶貴的人脈。我留學 MBA 的經驗，也爲我打開了另一片人脈。

但那些都是和我本業有關係的人脈。**其實我也是四十歲以後，才眞正獲得了所謂「廣闊的人脈」**。

我長年以來都有「寫書」的夢想，但一直到了四十後才實現。在出書之前，我不斷摸索讀者會接受什麼樣的內容。

以前身邊都是和我情況相近的人，換句話說我只能獲得「一般人的意見」。後來我積極參加書評家舉辦的講座，還有出版社舉辦的派對。因爲我相信這些場合獲得的資訊，肯定能帶給我一些提示。

這些講座上也會碰到其他不少「想寫書」的人。不過大家除了同樣擁有寫書的願望之外，年齡、性別、專業領域都迥然不同。

他們都相當積極，入座後立刻和附近的人交換名片。即使雙方都是初次見面，依然相談甚歡。如果是像交流會之類喝酒的場合，彼此之間更容易卸下心防，天南地北聊個沒完。

而我也在分享個人經驗的過程中，慢慢掌握「一般人會對什麼事情感興趣」。不用說，這些意見對於我決定書籍內容大有助益。

不僅如此，這些場合下認識的人，有些後來成了工作上的夥伴，彼此相互介紹顯要，替我擴充了一份毫不遜於原先人脈的寶貴新人脈。

出於這份經驗，我鼓勵各位四十歲以後應積極「拓展新的人脈」。

POINT

四十歲要開拓新人脈仍綽綽有餘。
安於現有人脈只會讓自己變得視野狹隘。

02

廣結善緣，「朋友的朋友就是朋友」

你說「要多多拓展各方面的人脈」，但到底該怎麼做才能認識其他行業的人？以下介紹「人脈達人」的各種祕訣。

＊極致發揮「一週一次」機會的職業婦女人脈術

歸根究柢，人脈爲什麼重要？

答案因人而異。舉例來說，**「人脈可以帶給你網路上搜尋不到的資訊」**。而這些資訊，將會成爲你鶴立雞群的關鍵。

在我新進時期負責指導我的 T 女士，完全實踐了上面這句話。她雖然後來進入國家官僚體系，不過有事沒事還是會帶我去參加各種聚會。我每次聽到某些資訊時，都會忍不住心想：「這讓我知道沒關係嗎？」

某次聚會，一名中小企業社長分享了他私藏的人才雇用技巧。他不是直接到大學校內，而是從學生宿舍下手。這種方法眞的是任何顧問都不會告訴你的「妙招」，然而他卻在酒席上一五一十告訴我。幾千日圓的酒錢，竟能爲我帶來價值上百萬的資訊。

四十歲以後，人脈不能侷限於自己所處的業界，應該多往其他領域發展。話雖如此，於公於私都不得閒的四十歲，實在沒什麼機會結識其他領域的人。

這裡我想分享一種方法，這是累積一定人生經驗的四十後才適用的人脈術。

I女士是一位該業界無人不知、無人不曉的職業婦女。她採取的策略叫作「朋友的朋友就是朋友」。

她年近四十才生孩子，所以四十歲以後忙於育兒，無暇拓展新人脈。於是她和丈夫商量好「週四晚上由丈夫一個人帶孩子，而那段時間則是I女士的自由時間」。

然而只利用週四晚上拓展人脈的效果有限，所以她乾脆**「在那天一次邀約所有想見的人」**。

這些人雖然都認識I女士，但和其他人卻是第一次見面。I女士一開始也沒多想，不過這些齊聚一堂的人相當投緣，有些人甚至因此有了生意上的交流。

這場聚會愈辦愈有口碑，形成一個人人帶新人進來的良性循環。果眞是「朋友的朋友就是朋友」，I女士的人脈也隨之擴張。

＊不喜歡「酒局」的人，可以召開「讀書會」

I女士雖然是無心插柳柳成蔭，不過「人脈達人」大多都有這種喜歡替人牽線的個性。我的老師，同樣身爲人脈達人的藤原和博先生也是這樣子的人。

他非常喜歡介紹朋友給其他人認識，所以經常舉辦酒會，並邀請一大堆相互不認識的人。他甚至還會中途離席，讓該場合變成一場陌生人間的交流會。而這也成爲許多人加深關係的好機會。

酒局上偶爾還會出現佐田雅志等知名藝人或家喻戶曉的音樂家、作家，這對與會者來說可是一大刺激。

或許有人覺得主辦酒局的門檻太高，或是自己根本喝不了酒。那麼改舉辦「讀書會」也不錯。**你可以召集對同樣主題有興趣的人，定期召開讀書會**。每次邀請不同的賓客，人脈自然變得更加廣闊。

我四十歲的時候，每個月都會聯合同樣身爲商業書籍作家的水野俊哉、午堂登紀雄、內藤忍，四個人一起舉辦讀書會。話又說回來，雖然酒局的活動焦點通常比較模糊，但畢竟每次都有其他作家或編輯受邀出席，既可以獲得許多資訊，還能拓展人脈。我有些書也是因此而誕生的。

正因爲四十歲忙碌，才更需要這種「朋友的朋友就是朋友」策略。

POINT

擠不出時間的四十歲，要靠連鎖反應拓展人脈。

03

刻意嘗試與「話不投機的人」相處

雖然說朋友愈多愈好，但「無邊無際」反而有可能害視野變得狹隘。爲避免這種情況發生，我們需要一些「非同溫層的人」？

＊「大學畢業後一直待在同一間公司的人」最危險！

如果你從大學畢業到現在四十幾歲都還沒換過公司，那可要當心了。因爲這代表你可能已經不知不覺深陷「同溫層」，視野變得狹隘無比了。

聚集在同一間公司的人，往往是生於同一個地區，擁有類似家庭環境或學歷的人。這些性質相似的人長久窩在一起工作，彼此的價值觀會愈來愈接近，愈來愈狹隘。

所以我希望大家有所警覺，四十歲後**至少要找一個「非同溫層的人」加入自己的人脈**。

聽說在沙丁魚的魚槽旁放一條鯰魚，沙丁魚就會因爲緊張而保持活蹦亂跳的狀態。「非同溫層的人」扮演的角色就類似鯰魚，可以避免自己變成一灘死水。

提到這點，我想到了一位名震四方的知名企業董事 J 先生。那間公司風氣相當古板，但 J 先生的個性卻完全相反。他大膽表示「和人生經歷近似的人相處最無聊了」，於是積極和其他行業的人交流。其中也和某些大型「業者」深交，幫助彼此促進交流。

J 先生還曾於東南亞取得按摩師的證照。他自己的人生經歷已經夠特別了，不過他身邊的人也盡是些不亞於他的奇特人才。

＊認識「不同世界的人」才有趣！

如果你是一名銀行員，那麼音樂家、藝術家等不受組織束縛的人，或者是NPO員工與志工這些比較沒那麼看重金錢的人，對你來說便屬於「非同溫層的人」。**「不知道該聊些什麼才好」的對象，可以帶給你更大的刺激**。

以我來說，這種對象就是前面提過的「作者人脈」。醫師、律師、政治家的祕書，還有「戀愛諮商師」，各行各業齊聚一堂的場合不是天天都有。我也因此體會到，站在人生折返點的時候，和不同文化的人交流有多麼重要。

順帶一題，我在那個場合也認識了自稱「整理顧問」的人。那人便是後來出版了《怦然心動的人生整理魔法》的作者近藤麻理惠小姐。初次見面時，我還私自擔心她「從事整理顧問是否有辦法能養活自己」，但人家現在已經紅遍全球了。我當初可真是大大看走了眼。

無論如何，如果我始終抱持「人脈應爲自然形成」的被動心態，肯定不會有今天這般廣闊的人脈吧。

＊留心「沒有派不上用場的人脈」

四十歲以後，公私都會發生很多事情。而醫生、律師、會計師等專家提供的建議，對我們來說，都是一劑強心針。這些人脈在我經營公司碰到困難時，也救了我好幾次。

正因爲是意想不到的人，才會在沒有料到的地方幫你一把。

我不知道該送人什麼禮物好時，會尋求「甜點部落格格主」的意見。有時候因此深得客戶歡心，甚至能促成一樁生意。

我認識的編輯會將想法拋給各式各樣的人，如「打零工的熟人」「自由業的朋友」「在國外工作的前同事」，並觀察他們的反應。這麼看來，確實「所有人脈都有意義」。

我們不會知道什麼時候需要哪種意見或專業知識，所以不妨想著「**沒有派不上用場的人脈**」，多結識一些同溫層之外的人吧。

POINT

「不知道該聊什麼話題」的非同溫層對象，會打開你人生的視野。

04

擁有「全力支持者」的四十後終將成功

成功人士背後，總有一些不離不棄的「全力支持者」。然而，如此堅不可摧的人脈強求不來，所以到底該怎麼辦……

＊藝術家有贊助者支持，知名經營者有「全力支持者」撐腰

人脈不只要求「廣」，也得求「深」。有人說：「一百個朋友裡面，必定出現一個不離不棄的支持者。」確實**成功人士都有所謂「在背後」盡心盡力支持他們的人**。

大家都知道，中古歐洲的藝術家背後有所謂的「贊助者」。現代的知

名經營者，很多也都有自從創業以來就一直提攜他們的恩人。例如軟銀創辦人孫正義有夏普前副社長佐佐木正的支撐。佐佐木先生面對上門推銷的孫先生不吝給予建議，甚至願意當他銀行貸款的保證人，支持不遺餘力。

我也親眼見過身邊的人碰到同樣的情形。

發芽蔬菜業界的先驅、村上農園的村上清貴，是一位曾經在東京電視台節目「寒武紀宮殿」露面的知名經營者。他也是我以前公司的前輩，我們一直都保持密切往來。

不過村上兄以前曾一度面臨危急存亡之秋。一九九六年，日本爆發集體食物中毒事件。當時大眾懷疑原因出在蘿蔔嬰身上，而招牌商品就是蘿蔔嬰的村上農園因此身陷危機。即使風頭過去，市場的需求仍一蹶不振。

這時拯救村上兄的，便是大力支持他的某號人物。那個人在連鎖餐飲企業上班，他說服公司旗下連鎖店全面採用村上農園的發芽蔬菜，而村上農園也因而挺過了這次危機。

*展現鍥而不捨的姿態，「支持者」就會現身

這種全力支持者實在是可遇不可求。不過我認爲**只要爲了某件事拚盡全力，並積極接納旁人的建議和協助，自然就會獲得這種緣分**。

這裡我想分享一則自己的經驗。

我從小就是個不安分的孩子，高中、大學、找工作都不曾如願進入自己的第一志願。渴求成就感的我，在前輩的推薦下好不容易擠進了Recruit。當時我急著「有所表現」，每天咬牙奮鬥。

我日復一日思索如何成爲「超群業務」，並且處處尋求上司、前輩，和各企業經營者與主管的建議。

其中一位貴人見我如此拚命，親切地給了我許多幫助。多虧他的諄諄教誨和協助，我負責的業務工作逐漸上了軌道，甚至成了Recruit的頂尖業務。

許久之後，我向他問起：「爲什麼當時願意這麼照顧我？」他輕描淡

寫地回答：「只是看到你這麼拚命想抓住什麼，所以想拉你一把。」

＊四十歲是拓展人脈的黃金時期

像我是在年輕時遇見支持者，不過聽身邊的人說，他們大多都是四十歲以後才認識這樣的貴人。

四十幾歲人有個共通點，他們都背負著某些責任，卻也迷惘應該如何盡責，於是積極請教周遭的意見。而他們真誠的態度打動了他人，最後吸引到願意全力支持的人。

四十歲是一段如墜五里霧中的歲月，而且職位愈高愈孤獨。所以不如回到原點，**虛心向形形色色的人求取意見**。

問著問著，可能就問出了願意徹底支持你的人。四十歲同時也是一段深鑿人脈的黃金時期。

POINT

銘記「虛心求教」的真誠心態。
便有機會招來「全力支持者」。

05

開始「維護人際關係」

「不再寄送賀年卡」的人愈來愈多，但失去難得的聯繫也很可惜。面對「今後也想長久往來的人」，應保持活絡互動。

＊永遠等不到「下次再約」的下次？

談論人脈時，我常說：「世上有兩種東西不會出現。一是幽靈，二是下次」。我們經常對人說「下次一起吃個飯」「下次找時間去喝一杯」，但這個「下次」卻幾乎沒有實現的一天。

拓展人脈、認識新朋友很重要沒錯，但四十歲以後務必「維護人際關

係」，聯繫以前認識的人，還有曾照顧過自己的人。

請重新回想一下你至今認識的人，如果希望和某些人「建立長久關係」「重溫友誼」，請務必主動創造機會「keep in touch」。

至於那些自己也不清楚怎麼有來往的關係，放著慢慢淡去也不是件壞事。畢竟時間有限，我們當然不可能跟每一個人都保持聯絡。而且**對所有人付出相同的時間一點意義也沒有**。

「賀年卡」是保持聯繫的有效方法之一。最近有愈來愈多人不再寫賀年卡，但這依然可以有效「提醒」別人有你這麼一號人物存在。至少現在逢年過節還會寄送賀卡的人，沒必要放棄這個習慣。

如今，社群媒體塡補了賀年卡的不足之處。很多人可能以爲社群媒體是年輕人在玩的東西，但最具代表性的「臉書」，其實以四十～四十九歲的使用者居多。

如果對方頻繁使用社群媒體，不妨直接加對方爲好友。即使不主動發文，偶爾看到別人發文也會產生還有聯絡的感覺。

＊莫待天人永隔，徒留後悔……

就我見過的「四十歲菁英」來說，很多人都積極創造「維護人際關係」的機會。K先生每年都會固定辦一場餐會，邀請所有關照過他的客戶共襄盛舉。他不僅約請現任窗口，還會邀約曾經的負責人和已經離職的人，因此對受邀的人來說，也是個寶貴的交流機會。重要的是他採取「費用均攤」的方式，不會造成參與者的心理負擔。

另一位M先生則舉辦了更加盛大的交流會。爲了慶祝進入公司二十年，他負責主辦同屆之間的交流會。由於公司規模龐大，光是同一期進公司的人數就多達五十人，所以他租了東京一間大型飯店的宴會廳。而且還精心安排了不少橋段，聯絡他們進公司時的社長、董事，以及照顧過自己的前輩，請他們錄一段談話的影片。

這場活動辦得有聲有色。雖然大家都是同一個時期進公司的，但畢竟組織規模龐大，除了舊雨之間能重溫情誼，也能認識不少新知。此外爲了策畫活動而聯絡前輩與許多相關人員的過程，也達到了維護人脈的效果。

後來這場交流會成了例行活動，持續發揮維護人際關係的功效。聽說因爲迴響不錯，所以他們每年都會舉辦一次。

曾密切往來的人，即使相隔五年、十年沒聯絡，再見時依然能馬上喚回當初的情誼。不過到了這個歲數，更能體悟一件事：**因爲覺得隨時都能見面而一直沒約相見的人，到最後再也見不到面的情況只會增加，不會減少**。很多人沒能向猝逝的恩人好好答謝，因而後悔萬分。

爲了避免這種憾事發生，我希望各位四十歲以後都要學著「維護人際關係」。

POINT

與其事到如今才明白某些人「對自己來說很重要」，不如盡早聯絡他們，好好維繫人際關係。

06

積極建立「年輕朋友的人脈」

「能和年輕人打成一片的人」有許多好處。四十歲以後，更該重視「年輕朋友的人脈」。

＊無論管理或人脈，永遠都是「下先於上」

第二章提過：「四十歲以後，與其追求上司的認同，不如花點心思讓下屬認同自己」。

我拜訪過數千間公司，看過不下一萬名的商務人士。我從這些人身上歸納出一項結論：「四十後繼續升官的鑰匙，掌握在下屬與後輩等年輕人手中，而非上司與經營階層身上」。

爲你打下成績的人不是上司，而是下屬。而且上頭的上司與經營階層，也許再過個十年就離開公司了，但下屬好歹會一直陪你到離職的那天。「工作上該著重哪一方」也不必多說了。

我也看過不少逢迎上司的人，他們完全不理解下屬的心情，最後因此丟了主管職位。**你的生殺大權，其實掌握在下屬手上**。

這個道理套用在「人脈」上面也適用。最好積極結交一些比自己年輕的朋友，並且用心經營。

未來會陪你走更久的，都是「比你年輕的朋友」。這些人脈日後也有機會發揮作用，很可能讓你退休後重新受雇時獲得一份好職位，甚至還能打開你以顧問身分受聘的大門。

不過撇開這些實質利益來說，**擁有許多年紀比自己小的朋友且往來毫無隔閡，人生也絕對會比其他人輕鬆百倍**。

「能和年紀小的朋友打成一片」證明了一個人寬闊的胸襟。而動不動就對年輕人指指點點，老是擺出高姿態的人可要小心了，人家可能會覺得你「心胸狹窄」。

＊透過年輕人脈、成功「改革」的業務課長

不僅如此，年輕朋友的人脈也可能成爲工作上強大的助力。

現代科技發展迅速，能否自在操作數位工具，已成爲業務能力的重大分水嶺。某公司業務主管F先生雖然備受敬重，卻不熟悉數位產品。他也覺得自己似乎已經跟不上時代。

但F先生很照顧人，平時也積極跨部門與年輕員工交流。而這些所謂的數位原住民之中不乏一些高手，所以F先生經常請教他們問題。

過程中，他察覺「銷售自動化系統」（SFA）的價值，於是決定將該系統引進公司。

而F先生與眾不同的地方，在於讓那個年輕人負責向社長報告

SFA導入計畫。因爲他判斷「眞正懂的人才講得好」。

後來他成功引進SFA，業績蒸蒸日上。高層也相當讚許F先生「懂得運用年輕人才」。

我相信一定有些下屬某方面的能力勝過自己。我們要做的**不是對抗他們，而是「不恥下問」，這麼一來也能拓寬自己的世界**。

如果難以拉下老臉「向下屬求教」的話，也可以考慮私下學習一些興趣。尤其在運動方面，大部分的教練都是比自己年輕的人。接受教練指導的過程中，也會漸漸覺得向年輕人學習沒什麼好羞恥的。

POINT

趁四十幾歲時構築「年輕朋友的人脈」，未來一定有所助益。

07

除了知道「好店」，還要有「私人愛店」

雖然因為疫情影響，「餐敘」的機會驟減。不過這依然是拓展人脈最好的方法。如果你知道一些「好店」，肯定令人刮目相看。

＊準備幾間適合不同場合的「店」

雖然招待客戶與舉辦交流會的情形因疫情銳減，但只要人與人還是需要靠當面交流加深情誼，聚餐、宴會的場合未來依然還會是建立人脈的一大利器。

所以「店鋪選擇」很重要。**都已經活到「能幹的四十歲」，口袋裡好歹也累積了一些名單才是**。甚至你還能依據餐會的目的、參加者、預算多寡挑選不同的好店，例如「招待董事用的店」「可以放鬆和年輕人喧鬧的店」「可以震撼到對方的店」。

挑選店家沒有一定的準則，即便一開始利用網路查詢資訊，還是要親自上門幾次，確認氣氛和菜單。

詢問經常招待他人的上司和前輩也不錯。因爲同一間公司裡和自己標準差不多的人，挑選的店也大多會合你胃口。另外還可以多問一些對吃很講究的朋友，蒐集資訊。

可以的話，**我建議體驗一次一個人要價上萬日圓的「超一流」高級餐廳**。這是某位前輩對我的教誨，我只是現學現賣。如果因爲價格太高而難以上門，也可以先挑較便宜的午餐時段嘗試。投資數千日圓就能換來「接觸一流」的經驗，怎麼想都不吃虧。

*高手都怎麼運用「私人愛店」？

不過重頭戲還在後頭。你除了要「知道哪裡有好店」，還得開拓一些自己常去的「私人愛店」。

例如任職於製鐵公司的N先生，在全國都有這種「私人愛店」。N先生經常前往各地工廠出差，而如果是特別常去的幾個地方，他會在出差時**挑某些店天天上門，並收編進自己的「口袋名單」**。

理由之一是出差時總要有個吃飯的地方。此外多上門幾次之後，自然也會和老闆與常客混熟，一旦待得舒適，也更容易蒐集到當地的資訊。

而有了「私人愛店」，也方便邀請出差當地的員工去喝一杯。當地員工往往會對總公司派來出差的員工有所顧忌，但只要像這樣打好關係，他們也會暢談職場上不太方便談論的敏感話題。

而且**「熟識的店家比較好說話」**。

某企業總務部門有位 O 先生，我之前參加他主辦的餐會時，有件事令我相當吃驚。

聚餐地點是位於住宅區的一間蕎麥麵店，店內菜單上幾乎沒有什麼下酒小菜。而且他也沒有包場，當天還有其他一般客人在店裡吃麵。

但隨著餐會進行，我逐漸明白 O 先生選擇那裡的用意。各種菜單上沒有的獨創料理和美味下酒菜一道道端上桌，而一般客人走光後，整間店頓時被我們包了下來。餐會一直持續到十點，老早就超過了店家的打烊時間。這樣就算了，當天收取的費用還很少。

原來那間店是 O 先生早就混熟的「私人愛店」，所以才有辦法請店家通融。他安排在那裡，是希望用便宜的費用，舉辦一場大家都不必在意時間的餐敘。

雖然酒水是用紙杯盛裝，不過這也是爲了保障樂趣之餘，還能節省成本而採取的措施。

主辦宴會經驗豐富的 O 先生，選店的眼光著實令人佩服。

疫情導致餐敘機會大減的情況下，「可以通融的店」肯定比以往更加重要。

POINT

備有「口袋名單」的人最可靠。
請積極開拓店家。

◎討論

活出精采的四十歲③：留學 MBA，受挫之後賺進一億日圓的年收

職業經營者 G 先生是我前往美國雷鳥全球管理學院，攻讀 MBA 時認識的朋友。

研讀 MBA 的人多半胸懷大志，G 先生也不例外。他三十幾歲時毅然決然離開原本就職的外商，赴美念書，憑的全是一個念頭：「拿到 MBA 學位的話，年收入提高也不是夢。」

他年級大我一屆，同時也是前一任的校內日本同鄉會的副會長，再加上我們都是自費留學，因此我感覺跟他特別親近。

然而 G 先生取得 MBA 學位後的求職過程卻相當坎坷，最後甚至屈就於西岸某顧問公司，做著一份比過去年收入還低的工作。G 先

生當初是為了更高的年收入才決心留學的，他無論如何也無法滿意這個結果。

不過後來他負責一間剛起步的ＩＴ企業，協助他們辦理法人登記。Ｇ先生的仕途也因此步上康莊大道。

那間ＩＴ企業日後急速成長，Ｇ先生也被挖角過去。當時那間公司還是日本第四大法人，後來幾經輾轉，社長更迭，最後Ｇ先生終於坐上日本法人頂點的寶座。當時他才四十出頭。

我一路見證Ｇ先生的辛苦，所以聽聞他當上社長時，不禁濕了眼眶。他離開那間企業後，也成了一名專業的經營者，獲邀接任日本另一間大型企業的領導人，如今已是年收超過一億日圓的超高薪族群了。

聽說最近留學ＭＢＡ的日本人愈來愈少。不過看了Ｇ先生的人生經歷，我認為為了更高的收入而奮鬥，也是一件相當美好的事情。

CHAPTER 7

〔學習篇〕

在有限時間內，獲取最大成果的「大人學習法」

01

後疫情時代務必養成的「一項能力」

成效不彰的工作改革政策，卻因新冠肺炎爆發而大有進展。身處瞬息萬變的時代，我們應該養成哪些能力？

＊緊急訪問「後疫情時代應具備什麼能力」

二〇二〇年，新冠肺炎肆虐，大家的工作方式也產生了劇變。

許多商務人士發現，即使改採網路會議或線上商談，工作上也沒發生什麼問題。想必也有公司已經察覺，就算不開會還是能順利完成工作。現在非但不用通勤，在這麼多人感染病毒的情況下，沒必要卻還跑到公司一路待到晚上的人，反而會遭人譏諷「搞不清楚狀況」。

即便未來疫情冷卻，這個趨勢應該也不會改變，勢必會有許多企業選擇繼續遠端工作。而遠端工作或和海外連線的線上會議，也會成為常見的業務型態。

人與人之間的相處方式搞不好也將大幅轉變。雖然我認為「實際見面」的重要性不會消失，但其他交流形式的需求也會日漸提高。

好比我也趁機邀請各式各樣的人試辦「線上品酒會」。我發現此種活動有一優點，那就是可以聽清楚每一個人在說什麼。

我認為未來商務人士所需的能力，將會和以往大不相同。於是我和許多經營者與高階主管彼此交流了一些意見。

我想在這裡分享我們討論出哪些是**「後疫情時代，四十歲人應具備的技能」**。

＊溝通方式必然改變

「溝通技能」和「概念化技能」是最多受訪者提及的主題。涵蓋解決問題、企畫能力的「概念化技能」一直以來都是必備的重要能力。因此我們應該將更多焦點放在「溝通技能」上。

隨著遠距辦公的情況增加，人與人直接見面的機會銳減。然而工作不是一個人的事情，因此更需要**懂得如何簡明扼要地傳遞資訊，培養透過螢幕也能動員他人的能力**。

換個方式說，那些過去因為天天和下屬見面而錯以為「溝通順利」的上司，換到遠距辦公的情境下，很有可能發現原來對方完全聽不懂自己的意思或想法。

當線上會議成為常態，「溝通能力」差距造成的影響，將會較以往增幅數倍。

那麼線上會議時代，我們該如何改進溝通技能，又需要什麼其他的能力？以下列舉幾種我在線上研習時提出的例子。

●問題：難以察覺對方反應↓對策：叫對方的名字

透過螢幕很容易無法難察覺對方的反應。倘若忽視這一點，恐會導致對方經常聽不懂你在說什麼，甚至根本就沒在聽你說話。

爲了防範這種事態，我們要定期「叫對方」。我稱這種方法爲「主持人話術」。像電視節目的主持人一樣，先叫一聲對方的名字再開始說話。例如：「○○先生，你對這件事有什麼想法？」就像我們請示上司意見時，也會說：「○○部長，請問這個規格有沒有問題？」「○○兄，你覺得這邊再加一點東西怎麼樣？」

如此一來，大家就知道你在詢問誰的意見。而沒被點名的人也會保持一定的緊張感，因爲「不知道自己什麼時候會被叫到」。

● 問題：硬體設備容易出狀況↓對策：做好「善前」作業

遠端會議很方便沒錯，但也很容易因網路環境或操作疏失，引發一些意想不到的狀況。所以我們需要做好萬全的準備，萬一出問題也能立刻解決。

舉例來說，有可能突然無法傳送畫面上的資料，所以我們可以事前先將資料傳給與會者。這還只是基本，我們甚至可以另外準備一份紙本資料，這麼一來最糟的情況不過是拿著資料對著鏡頭說。準備愈周全，心裡也愈踏實。

這些未雨綢繆，我稱之爲「善前」作業。

● 問題：很難掌握開口的時機↓對策：留意「回合」

最好的方法其實是接受「通訊對話本來就會這樣」，但還有一種對策，我稱作「回合輪流制」。

大家在使用無線電時，說完話後都會接一個「OVER」，代表「我說完了，換你說」。

只是一直講「OVER」也不太自然。不過有趣的是，只要話說完後停個一拍相當於「OVER」的空檔，對方就會意識到「輪到我說話了」。大家務必嘗試看看。

如何？我相信各位以往應該鮮少聽到這種「溝通技能」。而這也表示我們必須趕緊學會這些技巧。

其他像「分析現狀」「解決問題」「PDCA」「領導」「激勵」等能力，也是許多人提及後疫情時代所需的技能。

二十幾歲時，還可以透過公司的研習來養成這些能力。不過三十歲以後這種機會就少了許多。一旦年過四十，基本上就只能靠「自學」。所以四十歲時必須格外重視自我學習。

POINT

即使進入後疫情時代，「溝通」的重要性也不會改變。只是「方式」可能今非昔比。

02

學會「自己思考和書寫」

二、三十歲經常需要在外奔波。雖然即使到了四十歲，第一線實務的重要性也不會改變，但「只注重第一線」真的好嗎？

＊能幹的人「書寫速度一定很快」！

參加研習活動時，「能幹的人」與「普通人」在「書寫的速度」上呈現的差異，特別明顯。例如我舉辦工作坊時，會請學員填寫表單。這時可以清楚知道哪些人填得快，哪些人又寫得慢。而且書寫速度快的人，在工作坊的收穫也相當不賴。

我發現除了撰寫企畫書與報告書等文件之外，**就連回覆一封郵件的速度，也和工作成效有直接關係。回得快的人和回得慢的人，差距有如天壤之別**。

我身邊也有不少書寫書籍或經營部落格等資訊發布者，其中能力強的人，確實多半給人一種寫字速度很快的印象。

但也不是要提醒各位「年過四十，務必提升自己寫作的技巧」。只不過**書寫的速度和「獨立思考的能力」幾乎是成正比**。我不會說磨練「書寫技巧」沒意義，不過更應該著重於「獨立思考的能力」。

*面對經營者方針，不可「囫圇吞棗」

我參與過不少企業遴選儲備幹部的場合，而每一位經營者在該場合下必定提及的條件爲「能否靠自己的腦袋思考事情」。

例如一名主管訂立組內或課內的計畫之前，通常會先接到高層的方針。重視方針固然重要，但我們也必須懂得自行解釋，探討「是否符合實際情況」「能否預期實質收益」等問題，再決定部門的實行方針。其實上頭也期待我們做這件事。

儘管如此，絕大多數人卻只是按圖索驥，毫不思考自己課內或組內適合的方針。

四十歲以前，對上頭的指示言聽計從還可以獲得讚許。然而四十歲後必須學會「獨立思考」。

＊「現場百回」雖重要，但走馬看花也沒意義

若真要說提高「獨立思考」的能力有捷徑，那就是採用「田野研究×分析」。

「田野研究」的意思是「實際走訪現場，觀察並學習」。換句話說，「詳實觀察所有現場發生的事情，並自行思索、分析，擬定最佳策略」。

日本刑警界有所謂「現場百回」的說法，意思是所有答案都在案發現場，走上一百次肯定有所發現。不過**答案不是看看就能獲得，必須「觀察並思考」才能找到**。

卓越的經營者自然會頻繁走訪工作現場，而一般人以爲只會「分析數字」的經濟學家，其中的優秀人士也很注重天天走入企業與街頭，實際體會工作現場的氛圍。

雖然研讀「邏輯思考」的書籍很重要，但像這樣多多實踐更爲要緊。只不過**學會任何一種思考上的「架構」，對於這類思考確實也很有助益**。

有一種思考模型稱作「PEST分析」，取「Politics」（政治）、「Economy」（經濟）、「Society」（社會）、「Technology」（科技）的第一個字母組合而成。假設我們今天要探討疫情過後的變化，可以透過「政治上會如何變動」「經濟方面會怎麼變化」「疫情風波過去後，社會可能產生什麼轉變」「未來需要什麼樣的技術」等四種角度來分析。

這麼一來比起茫然想著「疫情後會怎麼樣」，思索時更有方向可循。

其他還有如「STP分析」「SWOT分析」之類的思考架構，有興趣可以多多了解。

POINT

四十歲的綜合能力會表現在「書寫能力」上。實地走訪，獨立思考，即可培養這項能力。

03

集中學習「可以變現的能力」

「四十後考證照」如今已蔚爲一股風潮。「證照」聽起來的確很實用……然而，果眞如此？

＊徹底討論「四十歲後考證照的好壞」

商業月刊《THE21》針對五十後民眾調查「後悔四十後、五十前沒做的事情」，結果第一名爲「考證照」。

實際上，日本這幾年似乎掀起了一股證照熱潮。不知道是否因爲疫情限制了外出，這股浪潮的趨勢似乎愈來愈明顯了。

不過對於「四十後考證照」一事，民眾的看法分成積極與消極兩派，兩派公說公有理，婆說婆有理。

積極派的人多數爲目前證照能發揮效用的業界人士，還有因此持有證照者。

像IT業界和營造、設備圈的人就很重視證照，擁有的證照種類甚至會直接影響負責的業務內容，換工作時也會成爲一大利器。日本IT業界的高級證照有**「CISA」（國際電腦稽核師）**、**「系統監察技術員」**、**「IT戰略人員」**，而營造業則有**「一級建築施工管理技士」**「**一級土木施工管理技士」**。即使年過四十，這些證照仍充分具有考取的價值。

而金融業界也有一些考起來放著不吃虧的「證照」。

至於消極派的主張，不外乎考到後如果「對本業沒有幫助也只是白搭」。比方說你努力考取了「中小企業診斷士」（商業顧問證照）、「社勞士」

（主要保障勞工勞動權益與福利的一種代書證照）、「行政書士」（類似處理行政、生活方面申請的代書證照）等證照，但空有證照也無法獨立開業。如果是繼承家業，或者是還年輕，有時間開拓客源倒是另當別論。否則這些證照對於四十歲以上的人就沒什麼意義。

另一種例子，假使多益考了九百分以上，卻沒有實際用英語談生意的經驗，也不會受到賞識。如果你是剛準備找工作的新鮮人就算了，這種證照對於一個四十後要換工作的人來說實在沒什麼幫助。除非公司規定「多益七百五十分以上」才能晉升，不然追求分數恐怕意義不大。

＊「證照×能力」，賺錢機會倍增

兩派說法都有道理，不過我認爲四十歲以後如果要考證照，應該**要思考「那張證照能不能增加收入」**。

如果一張證照有機會增加你的收入，那就很值得花時間投資一下。倘若不是，我建議時間可以花在其他的學習上。

話又說回來，「考到後即可變現」的證照並沒有那麼多。重點在於**「如何運用技能＋證照來賺錢」**。

例如「中小企業診斷士」「社勞士」或「資訊科技協調者」雖然是很多日本人考的證照，但就算考到了，也沒辦法馬上轉換成實質的收入。擁有同樣證照的人太多，所以光是擁有證照，客人也不會主動上門。

但如果你同時具備「陌生開發的業務能力」或「人脈」，情況或許就不同了。沒有多少中小企業診斷士和社勞士同時具備「陌生開發的業務能力」，所以這會成爲你的一大強項。又假如你在某個領域有很深厚的人脈，也有機會自立門戶成爲該領域的專業顧問。

我們還可以逆向思考。假設你擁有中小企業診斷士證照，卻無法充分發揮，不妨想想「該具備什麼樣的能力才能將證照變現」。比如說學會網路行銷，就有可能透過網路吸引客人，在業界中脫穎而出。

換句話說，**必須思考「現有能力搭配什麼證照可以轉換成收入」或「持有的證照搭配什麼能力可以轉換成收入」**。

＊「家庭教師」的需求上揚？

如果一開始就追求獨立創業，恐怕稍嫌好高騖遠。可以先想想「能不能成爲賺錢的副業」。

假設你的本業是工具機工程師，那麼即使光靠「多益九百分以上」是賺不了錢，你也可以透過「翻譯工具機相關資料」來賺錢。實際上專業領域的英文翻譯需求相當高，可以試著上網找找看。

倘若你有教育相關的經歷，搞不好還能開闢另一條路：「專業領域的英語家教」。

這種「專業家教」的需求，可以想見未來有增加的趨勢。願意投資孩子學習的富裕家庭通常花錢毫不手軟，少說也有望獲得時薪五千日圓以上的額外收入。

而且目前專業家教人數還不多，市場供不應求。我也建議認識的編輯從事「小論文」的專業家教。

到頭來，一張證照能不能賺到錢，還是取決於「供需」。各位不妨試著從市場供需角度，思考一下自己該學些什麼。

POINT

四十歲後的學習，應思索「是否有變現可能」。

04

利用「集中選書」，在短時間內有效加深知識

很多人即使有心向學，卻很難撥出時間。以下介紹可以在短時間、高效率學習的「集中選書」學習法。

＊看過十本書就能成為「專家」？

工作和私生活都忙碌的四十歲，實在很難排出一段完整且有規律的閱讀時間。即便如此，「能幹的四十後」還是會想辦法閱讀擠出學習時間。

畢竟時間有限，學習必須講求效率。因此我推薦大家**「大量閱讀特定領域的書籍」**。

知名記者野村進在著作《調查的技術、撰寫的技術》（調べる技術・書く技術）中，引用了紀實作家本田靖春的話：「想在感興趣的領域裡成爲第一號人物，一個月起碼要閱讀兩、三本該領域的書籍。只要堅持三年，就能成爲該領域的權威。」這話說得對極了。

針對某主題深入探討、幾經琢磨而成的書本，資訊密度遠勝於網路。與其大量瀏覽網路資訊，花相同的時間讀一本書的效率還比較好。

至於工作方面的學習，甚至不必花上三年，**只要研讀十本特定領域的著作，就能成爲一定程度的專家**。若讀到這個數量，你自然就會像找出最大公約數一樣，看見一個主題中一而再再而三出現的論點，那就是該領域的「關鍵」。實際上，你大概讀兩、三本就會有感覺，後續再看個七、八本，便有辦法應用學到的知識。

假設你是一名業務主管，有興趣學習「MA行銷自動化」（Marketing Automation）。首先可以購買相關主題的「經典」和「最終修訂版」的書籍；也可以選入大多數書店都看得到的書籍，或是版權頁上刷次特別多的作品。再不然也可以參考網路書店的人氣榜。

不過每個領域的這種書籍頂多只有三、四本，如果要湊齊十本，勢必得接觸相當專業的書籍。讀著讀著，你自然會發現值得更爲關注或觀點獨到的作品，並獲得入門書上學不到的知識。爲此我們需要讀到十本書。

各位或許覺得讀十本書很辛苦，不過隨著你愈來愈熟悉背景知識，閱讀的速度也會更快。換句話說，**讀第十本書時的速度，會遠比讀第一本書的速度還快**。

＊「同時閱讀現在與過去的書籍」也是個好方法

不過「業務」「管理」等常見主題反而因爲書太多，容易碰上選擇障礙。其中一種解決方法是篩選主題，例如「法人業務」「專案管理」。不過我倒想推薦另一種讀法：**「同時閱讀當今暢銷著作與經典名著」**。**如此**

可以一舉看到「當代最重視的事情」和「普遍認同的重要觀念」。

也有人建議精挑細選出一本經典名著，並且「集中閱讀」。經營顧問 R 先生讀了數十遍科特勒的著作《行銷管理》，讀到最後自己也創辦了行銷講座。R 先生建議大家以「能在一小時內講述著作內容」為目標詳讀（當然你也可以實際在人前演講）。

前面說網路資訊的可信度比書本還低，但若想即時獲得資訊，還是需要透過網路。例如這次爆發新冠肺炎，許多公司不得不緊急改採線上商談、視訊會議等方案，相信網路資訊也幫助了不少人。

不過上網查資料時不能只單獨看一個網站，最好比較多個網站的資訊。我認為要了解一項主題，應該要比較十到二十個網站的內容。畢竟網路資訊不僅可信度較低，不少網站也只是將他站的資訊複製貼上，所以需要比較一定數量的網站資訊。

POINT

想要提高短時間內學習知識的效率，
可以選擇一個領域鑽研到底。

05

趁四十歲打贏「讀書敗部復活賽」

常言道「活到老，學到老」。但脫離學生時代後，也完全遠離了讀書的習慣……這樣的人應立刻做一件事。

*年齡愈大，「愈沒體力讀書」……

學如逆水行舟，不進則退。所以學習過程必須保持高昂的動力。然而許多五、六十歲的長輩總異口同聲地表示，到了他們那個年紀，不僅體力下滑，精神也容易不濟，學習意欲明顯低落，接著開始**後悔「自己年輕時沒有多學點東西」**。

就這層意義來說，四十歲算是「最後的機會」。因爲這個年紀雖然沒有五、六十歲的情況這麼嚴重，但還是得費上不少心力維持學習動力。我建議各位採取「報復性」的學習。

相信你也有一些事情是「年輕時想學卻一直沒開始學」「學了皮毛就放棄」「考試落榜後也沒有再次挑戰」。有些人可能選擇的是「英語」或「簿記」，有些人則是樂器和運動等興趣。

你是否明明一直有這些念頭，卻始終尚未實踐？**現在正是「雪恥」的最後機會。這種心態可以激發你的學習動力。**

＊考取證照，替三十歲的自己「雪恥」

S先生想打的「復仇戰」是「系統監察技術員」的證照考試。他一直在大型IT供應商工作，系統監察經驗豐富，不過並沒有一張正式的證照。雖然三十五歲過後，曾聽公司的指示去考試，沒想到竟出師不利。

就連試圖報仇雪恨而二度挑戰，結果也沒成功。

不過S先生實作能力扎實，沒有證照並不影響他平常的工作，客戶也相當信賴他，所以後來並沒有再度報考。

然而他對此耿耿於懷。看到有些同事實作能力不如己卻通過了證照考試，也不禁暗自傷神。

無法成功考取的記憶骨鯁在喉，爲了解決這個問題，S先生四十歲後決定捲土重來。

其實S先生沒通過考試有個原因，就是他「太了解實務狀況了」。換句話說，他已經建立了一套「自己的做法」，這反倒會妨礙考試。所以他這次拋開自己的專家身分，謙虛照著應考策略準備，大量練習考古題，並且安排縝密的讀書計畫，花了比過去兩次還要充分的時間來面對考試。

最後他通過了。S先生到了四十五歲前後，終於復仇成功。

考到證照對S先生的心理層面帶來相當大的正面影響，而從頭開始學習基礎，也貌似對他現在的工作很有幫助。

＊重新養成「坐在書桌前的習慣」

在現代無論你年齡多大，大家都很看重「再學習」。也就是我們一般說的「活到老，學到老」。不過應該有不少四十後的人，脫離學生身分後就再也沒有「坐在書桌前好好念書」了吧。

若想喚回讀書的習慣，這種「報復性學習」也是最適合的方法。本來就有興趣的領域，自然可以維持動力。如果以前曾稍微接觸，那些知識必定會停留在腦袋的角落，所以效率也會比從零開始學習來得高。

很多人想要「報復性學習」的項目可能是「英語」。我身邊也有不少人四十過後重新學習，結果英語能力大躍進的例子。但當然也可以發展樂器之類興趣方面的事物。

請務必趁四十歲起的這十年，重溫當初用上一段時間來學習一項事物的習慣。

POINT

趁五十歲之前趕緊解決掉
「要是當初有學什麼就好了」的後悔。

06

養成「說得出口的文化涵養」

現代社會燃起了一股「涵養熱」。大家都知道涵養很重要，但老實說，我們也不是很清楚涵養到底有什麼用……

＊臨陣磨槍的涵養，經營者一眼就能看穿

「年紀愈大，涵養愈重要。」

我年輕時也不懂這句陳腔濫調的意義。老實說，我是年過四十才體會到「涵養」的重要性。

其中一項理由是因為四十歲之後，和公司內外高層的餐敘與面談機會

增加了。這種場合通常會從閒聊開始，而這時人家便已經開始評估你的涵養和格調了。

話題不乏國內外的歷史和偉人、繪畫和音樂，以及藝術、文學、電影等等，如果你是臨陣磨槍，人家一眼就可以看穿。很多經營者也都表示**「一個人有沒有涵養，一開口就知道」**。

「傳統大企業的幹部」可能會比較在意他人是否有涵養。曾在科技公司負責接洽大銀行的T先生，深深體悟到當對方的地位愈高，閒聊與餐會時更會談論愈多美術、音樂、戲劇相關的話題。於是他奮發學習這些文化，最後也因此成功取得對方的信賴。

此外，**「演說」「打招呼」或季初季末的「方針發表會」上，有無涵養的差別大得出人意表**。傳達事項時，「比喻」和「引用」都是很有效的方法。只會用工作相關例子比擬的人，容易讓人覺得你「孤陋寡聞」。雖然用棒球和足球之類的運動來打比方也不賴，但老是舉同一個領域的例子，也會顯得自己「沒深度」。

談吐之中不時穿插外國小說、日本古典技藝，又或者是最新的科學知識，對方肯定會對你留下強烈的印象。

＊接觸一流人士，就能培養出分辨一流的眼光？

近來市面上出現許多「第一次學習，立刻有涵養」之類的書。我覺得作爲入門指南倒是不壞，不過光看這些書籍並無法獲得眞正的涵養，只會停留在學「雜學」的程度。

許多前輩推薦我的方法是盡可能「接觸一流」。不能空有知識，實際接觸也很重要。到美術館親眼欣賞名畫，參加一流樂手的演奏會，上一流廚師經營的餐廳吃飯。就連一開始興致缺缺的我，接觸到一流的人事物時也能察覺到這些都是「不折不扣的眞功夫」。我永遠無法忘記看到畢卡索名畫《格爾尼卡》，還有中宮寺《菩薩半跏像》的那股震撼。

不過我是很久之後才意識到這件事情的重要性。**「接觸一流」，心中便會慢慢建構出「眞材實料」的基準**。這麼一來，你就能辨別各個領域的「一流事物」，同時漸漸了解何謂「普世價値」。

有趣的是，這些累積也在我工作上發揮了效用。我漸漸能從眾多商務人士之中，看出「哪個人肯定是一流人才」。我認爲這樣的眼光也是一種「涵養」。

＊不能空有知識，也要靠「身體」學習

雖說要「多見識一流」，很多人也不知道從何開始。我認爲最好先專注探究自己有興趣的領域。若是完全沒興趣的領域，也很難維持動力。

雖然讀書也不錯，但**還是「親自上門、親身體驗」的學習效果更好**。好比說最近有不少美術館爲供平常要上班的人參觀，會固定有幾天延後閉館的時間，並且安排專人導覽。請積極利用這些機會。

培育涵養最大的好處，是能加深你對於不同事物的興趣，豐富生活。「涵養」可以充實你的工作與人生。

POINT

提升涵養沒有捷徑。
先增加自己接觸「一流」人事物的機會。

附錄 我的現況分析表

※ 填寫方式請參照 P.26

■ 評判基準（共 5 級）

5：非常良好

4：良好

3：難分好壞

2：有問題

1：非常有問題

項目	分數	評論
① 公司所處業界		
② 公司自評		
③ 所屬部門		
④ 直屬上司		
⑤ 自我評價		

Eurasian Publishing Group
圓神出版事業機構
用心與你對話・視野無限寬廣
先覺出版社
Prophet Press
www.booklife.com.tw
reader@mail.eurasian.com.tw
商戰系列 211

40歲，精采人生才開始：從1萬人的經驗談看見眞正該做的事

作　　者／大塚壽
譯　　者／沈俊傑
發 行 人／簡志忠
出 版 者／先覺出版股份有限公司
地　　址／臺北市南京東路四段50號6樓之1
電　　話／（02）2579-6600・2579-8800・2570-3939
傳　　眞／（02）2579-0338・2577-3220・2570-3636
總 編 輯／陳秋月
資深主編／李宛蓁
責任編輯／林亞萱
校　　對／朱玉立・林亞萱
美術編輯／簡　瑄
行銷企畫／陳禹伶・黃惟儂
印務統籌／劉鳳剛・高榮祥
監　　印／高榮祥
排　　版／陳采淇
經 銷 商／叩應股份有限公司
郵撥帳號／ 18707239
法律顧問／圓神出版事業機構法律顧問　蕭雄淋律師
印　　刷／祥峰印刷廠
2021年5月　初版
2024年7月　6刷

図版：桜井勝志
編集協力：スタジオ•チャックモール

定價 350 元
ISBN 978-986-134-381-5

我決定以自身從無到有的經歷爲出發點，企畫一本給上班族看的「知老小百科」。「老」是一門深奧與複雜的學問，在單向的時間高速公路上，你得先問問自己：要的是倉皇的摸索，還是優雅的預習？

——康哲偉，

《當爸媽過了65歲——你一定要知道的醫療、長照、財務、法律知識》

國家圖書館出版品預行編目資料

40歲，精采人生才開始：從1萬人的經驗談看見真正該做的事 / 大塚壽 作；沈俊傑 譯. -- 初版. -- 臺北市：先覺出版股份有限公司，2021.05
288 面；14.8×20.8 公分. --（商戰系列；211）
譯自：できる40代は、「これ」しかやらない：1万人の体談から見えてきた「正しい頑張り方」
ISBN 978-986-134-381-5（平裝）

1. 成功法 2. 生涯規劃

177.2　　110004125